会社別就活ハンドブックシリーズ

2025

島津製作所の
就活ハンドブック

就職活動研究会 編
JOB HUNTING BOOK

は じ め に

　2021年春の採用から，1953年以来続いてきた，経団連（日本経済団体連合会）の加盟企業を中心にした「就活に関するさまざまな規定事項」の規定が，事実上廃止されました。それまで卒業・修了年度に入る直前の3月以降になり，面接などの選考は6月であったものが，学生と企業の双方が活動を本格化させる時期が大幅にはやまることになりました。この動きは2022年春そして2023年春へと続いております。

　また新型コロナウイルス感染者の増加を受け，新卒採用の活動に対してオンラインによる説明会や選考を導入した企業が急速に増加しました。採用環境が大きく変化したことにより，どのような場面でも対応できる柔軟性，また非接触による仕事の増加により，傾聴力というものが新たに求められるようになりました。

　『会社別就職ハンドブックシリーズ』は，いわゆる「就活生向け人気企業ランキング」を中心に，当社が独自にセレクトした上場している一流・優良企業の就活対策本です。面接で聞かれた質問にはじまり，業界の最新情報，さらには上場企業の株主向け公開情報である有価証券報告書の分析など，企業の多角的な判断・研究材料をふんだんに盛り込みました。加えて，地方の優良といわれている企業もラインナップしています。

　思い込みや憧れだけをもってやみくもに受けるのではなく，必要な情報を収集し，冷静に対象企業を分析し，エントリーシート作成やそれに続く面接試験に臨んでいただければと思います。本書が，その一助となれば幸いです。

　この本を手に取られた方が，志望企業の内定を得て，輝かしい社会人生活のスタートを切っていただけるよう，心より祈念いたします。

就職活動研究会

Contents

第1章 島津製作所の会社概況　　3

求める人物像 ………………………………………… 4

会社データ …………………………………………… 5

仕事内容 ……………………………………………… 6

先輩社員の声 ………………………………………… 8

募集要項 ……………………………………………… 9

採用の流れ …………………………………………… 11

2023年の重要ニュース ……………………………… 12

2022年の重要ニュース ……………………………… 14

2021年の重要ニュース ……………………………… 16

就活生情報 …………………………………………… 18

有価証券報告書の読み方 …………………………… 28

有価証券報告書 ……………………………………… 32

第2章 機械業界の"今"を知ろう　　95

機械業界の動向 ……………………………………… 96

ニュースで見る機械業界 …………………………… 101

機械業界の口コミ …………………………………… 108

機械業界　国内企業リスト ………………………… 114

第3章 就職活動のはじめかた　　119

第4章 SPI対策　　175

第1章

島津製作所の会社概況

会社によって選考方法は千差万別。面接で問われる内容や採用スケジュールもバラバラだ。採用試験ひとつとってみても，その会社の社風が表れていると言っていいだろう。ここでは募集要項や面接内容について過去の事例を収録している。

また，志望する会社を数字の面からも多角的に研究することを心がけたい。

✔ 求める人物像

■島津が求める4つの力

『主体性』『好奇心』『挑戦意欲』『やり抜く力』

変化を楽しみ，これまでにない価値創造の主役となれる人

今，最先端の科学技術が私たちの生活や社会構造のあり方そのものを変えようとしています。日々新たなイノベーションが生み出される一方で，環境問題や少子化・高齢化問題など，社会課題は山積しています。今後の見通しがつかない現代社会において，「必要なもの」，「求められるもの」，とはいったい何でしょうか。

当社は1875年の創業以来，「科学技術で社会に貢献する」を社是とし，最先端の科学技術分野で数々の世界初・日本初を実現してきました。例えば，健康診断の時などに目にする「レントゲン装置」。1961年，この装置に世界で初めて遠隔操作の技術を持ち込んだのは島津製作所です。また近年では，世界最高感度と世界最高の検出スピードを両立した「高速液体クロマトグラフ質量分析計」を世に送り出しました。このように当社は創業以来，科学技術の発展そして社会全体の発展の礎を築いてきたと自負しています。当社のコア技術をベースに応用範囲を変えながら，私たちは常に「顧客が何を求めているのか」，「社会が何を必要としているのか」を愚直に考え続け，それぞれに最適なソリューションを提供することを目指してきました。

そんな私たちだからこそ，今起こっている「変化」に臆することなく，その変化を「楽しみ」や「ワクワク」に変え，前例に捉われず，柔軟なアイデアで物事に立ち向かっていくことが必要だと考えています。また，最後までやり遂げるという強い意志を持って，主体的に取り組む姿勢も欠かせません。

あなたはこの社会にどんな価値を生み出していきたいですか。

今，思い描いたもの。みんなで目指しているもの。これからの出逢いの中で生まれるもの。

私たちは，そんな新しい価値の創造をあなたと追い求める仲間です。

可能性を現実に変えていく，熱い想いのある方々のご応募を心よりお待ちしております。

島津製作所　人事部採用グループ

✔ 会社データ

創業	明治8（1875）年3月
設立	大正6（1917）年9月
本社所在地	〒604-8511 京都市中京区西ノ京桑原町1番地 TEL　075-823-1111（代表）
資本金	26,648百万円
グループ従業員	13,898名（2023年3月31日現在）
連結売上高	482,240百万円（2023年3月期）

✔ 仕事内容

研究開発

市場動向の分析や新たな技術情報を収集し、次世代の製品開発に結びつく基礎技術や要素技術の開発を行います。大学・研究機関との共同研究の機会も多くあります。また、製品開発部門と連携して現在の製品・技術をより向上させた新製品の開発、また、それらの開発の基盤となる共通技術の開発も担当しています。

製品開発

新製品の企画立案→設計→試作品製作→テストという工程を通じて、お客様のニーズや社会の課題を解決するための製品を開発します。当社のモノづくりは「多品種少量生産」のため、お客様の要望に応じた特注品の設計も行います。また、時にはお客様からの技術相談にも対応します。

生産技術

生産ラインにおいて、製品を高い品質、適正な価格、そして要望通りの納期でお客様に提供するための製造プロセスを設計し運用します。具体的には、生産計画の策定、製造ラインの最適化・自動化、設備の導入や、作業方法の改善などがあり、海外工場に対する生産支援も行っています。

品質保証

出来上がった製品の性能・機能の確認を行い、製品が所定の要件を満たし、お客様に満足してもらえる製品に仕上がっているかを確認し保証する仕事です。そのために、製品の各種試験・評価や、法令・規制・規格への対応を担います。さらに、試作品や新製品のユーザビリティや連続テスト等を通じた設計提案も行います。

営業

お客様の課題やニーズをいち早くつかみ、当社の技術でどう解決していくかを考え、最適な技術・製品・サービスを提供します。お客様の声を製品開発部門にフィードバックするなど、主体的によりよい製品づくりに関わります。そのほか、市場情報の収集・解析により販売戦略・計画の立案・策定も行います。

マーケティング

市場や地域、顧客、競合他社などの状況を調査・分析し、どこで、どのような製品が期待されていて、どのように販売するのか、といったビジネスモデルを企画・推進します。また、当社製品を全世界に PR するため、HP・SNS の運用や、展示会・セミナーなどを開催し、ブランド価値の向上を図ります。

管理部門

社内の様々な部門と連携して、当社でのモノづくりの実行支援を行います。社員誰もが働きやすい環境をつくり (人事・総務)、カネ (経理) やコンプライアンス (法務) といった面でも常にサポートします。また、実際にモノづくりを展開する事業部門や全社の経営計画を策定・管理する役割も担っています。

✔ 先輩社員の声

【技術・製造系　製品開発】
ゴール目前で思いもよらないトラブル発生

2009年にリリースされた「コリメータR-300」は，X線を写真撮影に必要な範囲だけに限定して照射できるようにするとともに，不要なX線をフィルターを使って除去する機能が追加された装置。開発にあたって最大の難問は，厳格に設定された目標原価をクリアするために，いかにコストを削減するかにありました。モノづくりを行う工場や，部品の加工・組立にあたるグループ会社と何度もミーティングを重ね，コスト軽減につながる加工方法や組立が容易な構造について議論し，量産まであとひと息のところまでようやくこぎ着けました。しかし量産を目前に控えたある日，想定外のトラブルが起こります。ある樹脂成形部品の金型に不具合が見つかり，このままでは量産開始に間に合わないというのです。しかし日程を変更することはできません。量産を遅らせればビジネスの機会損失が生まれ，売上げにも影響を及ぼしてしまうからです。

その先にいる人たちのことを考えた設計を

後ろを振り返っている時間など，ありません。とにかく前に進むしかない——。そう覚悟を決めて，設計を1からやり直す作業が始まりました。金型設計を依頼した協力会社の方たちと力をあわせ，図面の不具合をひとつひとつ潰していきます。すべての作業を終えた時，すでに日付は変わっていました。新人だった頃，研修で先輩から諭すようにいわれた言葉が，今も耳から離れません。「後工程にやさしい設計を心がけよう」。モノをつくる工場や製品を販売する営業など，設計の川下で仕事をする人たちへの心配りが行き届いた製品は，医療関係者の信頼を育て，ひいては診察を受ける患者様に喜びを提供することにもつながる。そんな意味です。その言葉の重みというものを噛みしめ，設計の仕事との向き合い方をあらためて考えさせてくれるきっかけをつくった出来事でした。

職種	【技術系】研究開発、製品開発、ソフトウェア開発、アプリケーション開発、生産技術、生産管理、品質保証など 【営業系】国内営業、海外営業、マーケティング（製品企画、販売促進など）、経理、人事、総務、経営戦略、広報、法務、調達など ※理系の方は全系統のうち一つにご応募頂けます。 文系の方は事務系にご応募頂けます。
初任給	博士了　272,930円 修士了　245,340円 大学卒　220,400円 ※いずれも住宅手当一律6,400円含む（2022年度 初任給） ※標準労働時間7.75時間を超過した時間外労働には手当を別途支給
諸手当	役職手当、次世代育成手当、住宅手当、超過勤務手当、通勤費補助など
昇給	年1回（4月）
賞与	年2回（6月，12月）
事業所	【国内】 本社：京都市 支社：東京、大阪 支店：札幌、仙台、つくば、さいたま、横浜、静岡、名古屋、京都、神戸、広島、高松、福岡 営業所：郡山、岡山、松山 工場：京都市（2箇所）、神奈川県厚木市、神奈川県秦野市、滋賀県大津市 研究所：京都府相楽郡（関西文化学術研究都市）、京都市 【国内】 北米、中南米、欧州、ロシア、中東・アフリカ、アジア・オセアニア、中国・東アジア
勤務時間	営業部門　9：00～17：30 その他　8：20～16：50 ※一部部門を除き、フレックスタイム制度を導入（コアタイム10:00～15:00 標準労働時間1日7.75時間）

休日休暇	完全週休2日制（土・日）、祝日、GW、夏季休暇、年末年始休暇　年間休日126日（2021年度）、年次有給休暇（初年：18日、2年目〜：21日）、リフレッシュ休暇、特別有給休暇など
福利厚生	制度：従業員持株制度、財形貯蓄制度、持家融資制度、退職年金制度など 施設：独身寮、家族社宅、保養施設、医療施設、総合グラウンド、体育館など
社会保険	健康保険，厚生年金保険，雇用保険，労災保険
教育制度	新人研修をはじめとする各階層別研修、営業・技術・製造等の部門別専門教育、海外現場研修、経営幹部育成研修、カフェテリア制度による自己啓発メニューなど
受動喫煙対策	国内全事業所：就業時間内禁煙 受動喫煙対策詳細：三条工場、紫野工場、けいはんな、瀬田、秦野工場、厚木工場（屋内禁煙、屋外に喫煙スペースあり）、支社支店（原則屋内禁煙、屋内に喫煙専用室あり）

✔ 採用の流れ （出典：東洋経済新報社『就職四季報』）

エントリーの時期	【総・技】3～6月
採用プロセス	【総・技】ES提出（3月～）・適正検査（3月～）→面接（複数回）→内々定（6月～）

採用実績数					
		大卒男	大卒女	修士男	修士女
	2022年	20 （文：19 理：1）	11 （文：8 理：3）	45 （文：1 理：44）	10 （文：0 理：10）
	2023年	22 （文：18 理：4）	17 （文：16 理：1）	66 （文：0 理：66）	18 （文：0 理：18）
	2024年	22 （文：17 理：5）	25 （文：15 理：10）	75 （文：0 理：75）	17 （文：1 理：16）

採用実績校

【文系】
同志社大学，大阪大学，立命館大学，関西学院大学，関西大学，明治大学，近畿大学，国際基督教大学，神戸大学，青山学院大学，早稲田大学，大阪公立大学，北海道大学

【理系】
大阪大学，大阪公立大学，京都大学，立命館大学，東北大学，同志社大学，神戸大学，京都工芸繊維大学，東京大学，東京理科大学，名古屋大学，岡山大学，岐阜大学，北海道大学，九州工業大学，千葉大学，東京工業大学，奈良先端科学技術大学院大学，関西学院大学，関西大学，明治学院大学，近畿大学，大阪公立大学，茨城大学，横浜国立大学，京都薬科大学，金沢大学，金沢美術工芸大学，九州大学，慶應義塾大学，広島大学　他

✔2023年の重要ニュース (出典：日本経済新聞)

■島津製作所、羽田空港対岸に新拠点　分析手法を共同開発 (1/16)

　島津製作所は 16 日、ライフサイエンス系の企業や機関が集まる川崎市の「キングスカイフロント」に研究開発拠点「Shimadzu Tokyo Innovation Plaza」を開設した。主力の分析計測機器を 100 台以上設置し、国内外の研究者に使ってもらう。モノ売りにとどまらず、先端研究で求められるデータなどを把握し、製品の新たな利用価値を見いだす狙いだ。

　建物は地上 4 階建てで延べ床面積は約 1 万平方メートル。整備に約 20 億円を投じ、別途賃貸料を年間数億円支払う。「ヘルスケア」「グリーン」など分野ごとに 4 つのラボを備えた。キングスカイフロントは多摩川を挟んで羽田空港の対岸にあり、車で 10 分とアクセスがいい。学会やセミナーの開催を想定し、定員 180 人程度のホールを設けた。

　機器などのハード面の研究開発は、京都市の本社内や関西文化学術研究都市（けいはんな学研都市）の拠点が担い、川崎市の新拠点はソフト面に特化する。

　島津の製品は医薬品や食品、環境など幅広い分野で使われている。機器の性能だけでなく、どのように使うかもデータ収集の重要な要素だ。企業や大学の研究者を招き、分析計測機器を実際に使いながら、共同で新たな分析手法を見つけたりソフトウエアを開発したりする。

■島津製作所、北米に開発拠点　製薬向け強化に 50 億円投資 (3/22)

　島津製作所は 22 日、2023 ～ 24 年度に北米で新たに 3 カ所の開発拠点を設ける方針を明らかにした。投資額は約 50 億円で、海外での製薬向け計測機器を強化する。同日発表した 26 年 3 月期を最終年度とする 3 カ年の新中期経営計画に盛り込んだ。M&A や研究開発へ積極的に投資するとともに、投下資本利益率（ROIC）を初めて経営指標に導入して 11％ 以上を目指す。

　メリーランド州の米国本社を拡張し、「北米 R&D センター」を 23 年内に立ち上げる。最先端の研究者と共同研究などを重ねて、新製品の開発につなげる。西海岸と東海岸にも 23 ～ 24 年度に 1 カ所ずつ拠点を設ける。記者会見した山本靖則社長は「製薬で最も重要で大きな市場は北米だ。開発力を強化して北米で事業を回していきたい」と話した。

　また、これまでの製品を軸とした事業から、データを提供するソリューション

型事業への転換を目指す。研究開発費と設備投資は計1530億円を投じる計画で、直近3年間と比べると約1.5倍となる。M&Aや資本提携への投資も強化する。

　投資を効率的に進められているかを判断するため、ROICを新たに経営指標に導入し、23年3月期見通しの10.5%から26年3月期には11%以上を目指す。売上高は17%増の5500億円、営業利益は18%増の800億円を目指す。山本社長は「重要なのに投資ができていない事業に日の目を当て、見えてくる無駄を省く」と説明した。

■島津製作所、新興向けファンド設立　新規事業創出目指す（4/5）

　島津製作所は5日、大手ベンチャーキャピタル（VC）のグローバル・ブレイン（東京・渋谷）と総額50億円のコーポレートベンチャーキャピタル（CVC）ファンドを設立したと発表した。運用期間は10年。事業の見通しが立つ前のシード期や創業から間もないアーリー期のスタートアップを中心に、島津が注力する「ヘルスケア」や「グリーン」などの領域で投資先を探す。

　島津は3人の専任チームを作り、グローバル・ブレインは投資先の検討やスタートアップの育成を支援する。1社あたり数千万～数億円の出資を想定している。

　これまでも島津はスタートアップとの共同研究に取り組んできたが、CVCを設置することでより迅速に投資や事業連携につなげる狙いがある。糸井弘人常務執行役員兼CTO（最高技術責任者）は「社会ニーズと環境の変化に迅速に対応した投資活動を進め、新しいビジネスを広げていきたい」と話した。

■島津製作所、医師間で感染症診療の遠隔助言システム（7/27）

　島津製作所は医師同士を遠隔でつないで診療について助言できるシステムを開発した。中小の病院などにいる医師が大病院などの感染症専門医に薬の選び方や検査結果の解釈などを相談できる。

　開発したのは「感染症マネジメント支援システム」。医師が相談したい症例についてカルテの内容や検査結果などを入力すると、あらかじめ登録した感染症の専門医が助言をチャット形式などで書き込む仕組み。回答した医師にはあらかじめ設定した報酬をシステムから支払う。

　ソフトはインターネット経由で提供しパソコンなどがあれば活用できる。島津製作所は利用する病院などからシステム利用料を受け取る仕組み。同社は医療機関向けの検査機器などを手がけるが継続課金型のクラウドソフトを手がけるのは初めてという。2024年度の発売を目指し、5年後に年間売上高10億円を目指す。

✔2022 年の重要ニュース （出典：日本経済新聞）

■島津製作所、コロナ感染の迅速検査向け装置を発売（1/6）

　島津製作所は 6 日、新型コロナウイルスの PCR 検査で複数の検体を同時に調べる「プール方式」向けの前処理装置を発売した。最大 20 人分の検体を 35 分で処理し、PCR 検査で使える状態にする。大人数が対象のスクリーニング検査などでの活用を見込み、今後 1 年間で 500 台の販売を目指す。1 台の価格は 150 万円（税別）。

　プール方式は効率化のため複数の検体を混ぜて検査し、陽性になった場合のみ元の検体すべてを個別に検査する手法。島津の装置は複数人の唾液などの検体を取り出してかき混ぜる動作を自動化する。主に中小病院向けで、同種の装置が医療機器登録されたのは国内初という。島津が発売済みの PCR 検査装置と合わせて使える仕様とした。

　島津の PCR 検査装置は 8 時間で可能な検査数は 12 人分。今回の前処理装置を組み合わせると 8 時間で 60 人分の検査が可能になる。

■主力計測装置で新製品　次世代医薬品向け（2/3）

　島津製作所は 3 日、液体試料の成分を調べる液体クロマトグラフの新製品を国内外で発売した。医薬品市場で次世代薬と位置づけられる「中分子医薬品」の研究開発などに対応するため、部品を非金属にするなどして改良した。今後 1 年間で約 50 億円の売り上げを目指す。

　医薬品市場では新型コロナウイルスワクチンに代表される中分子医薬品やバイオ医薬品といった新たな形態が登場している。これらの医薬品では、分子の一部が装置内部の金属に吸着し、感度が低下する課題があった。

　新製品は、計測対象の液体が通る管の素材を金属製から樹脂に変えることで、液体の成分を分析する感度を従来比で数倍に高めた。管の内側を樹脂にしながらも外側を高耐圧のステンレスとして強度を担保した。

　会見した馬瀬嘉昭・専務執行役員は「新たなモダリティー（治療手段）に対応し、迅速な薬品開発を支援していく」と話した。

　島津は液体クロマトグラフのシェアで国内ではトップ、世界でも第 3 位グループに位置する。新製品をテコにさらにシェアを伸ばしていきたい考え。新製品の「ネクセラ XS イナート」の希望販売価格は税別で 1200 万円から。1 年間で 400 台の販売を目指す。

■がん光免疫療法で新製品　創薬研究で活用（4/21）

　島津製作所は21日、「第5のがん治療法」と期待される光免疫療法の創薬研究で使用する新製品を発売した。光免疫療法はがん細胞に結びつく薬剤を患者に投与し、薬剤ががんの近くに集まった後に近赤外光のレーザー光を当てて細胞を壊す。島津が持つ近赤外光を用いた測定技術のノウハウを活用した。

　新製品は非臨床試験で使用する。光に反応する試薬をがん細胞を壊す薬剤に結びつけて動物に投与して、近赤外光を照射。試薬の光る強さや時間を撮影・計測することで、薬剤の分布や働き具合を見ることができる。価格は税別で1850万円からで、1年間で10台の販売を目指す。海外でも数年以内で販売開始を予定しているという。

　島津製作所は楽天グループの楽天メディカル（米カリフォルニア州）と光免疫療法を共同で研究しており、今後は臨床試験（治験）で活用する機器の開発も目指している。同療法を巡っては、関西医科大学（大阪府枚方市）が1日に世界初の研究所を設立するなど注目を集めている。

■オミクロン「BA.5」向けPCR検査試薬発売（7/21）

　島津製作所は21日、新型コロナウイルスのオミクロン型の派生型「BA.5」を検出するPCR検査試薬を発売したと発表した。一般の医療機関やクリニックではなく、疫学調査などをする研究機関向けに販売する。

　BA.5は他のオミクロン型の派生型には見られない「F486V」や「L452R」の変異を有している。島津が今回発売した試薬はF486Vを検出する。これまでに発売しているL452Rを検出する試薬とあわせて使うことで、BA.5を検出することができる。

　島津は同日、一般向けのPCR検査試薬の7月の生産数を6月の10倍に増やすことも発表した。「第7波」の急速な感染拡大に伴う検査需要の増大を受けて生産量を増やす。8月以降も感染状況に応じて、さらに生産量を増やすことを検討している。

✔2021年の重要ニュース（出典：日本経済新聞）

■仏トタルとバイオ燃料分析で共同研究（1/19）

　分析機器大手の島津製作所は19日、仏エネルギー大手トタルと共同研究契約を結んだと発表した。仏ポー大学やスペインのオビエド大学も含めた4者で研究を進め、2023年までにバイオ燃料の品質安定化に役立つ分析システムの開発を目指す。世界的に脱炭素の流れが加速しており、石油メジャーらと組んで新たな商機につなげる。

　島津がトタルと共同研究をするのは初めて。これまでは米アジレント・テクノロジーズなどの米分析機器大手が石油メジャー向けには強いとされ、島津は食い込めていなかったもようだ。新たな市場であるバイオ燃料分野での協力関係を深め、他社に先んじて市場開拓を進める狙いがある。

　具体的に研究を進めるのはバイオエタノールやバイオディーゼルなどのバイオ燃料の成分分析だ。バイオ燃料には有機酸やアルデヒド、フェノールなど「含酸素成分」が含まれており、品質を一定に保って生産するためには取り除く必要がある。特に、依然として特定されていない未知の含酸素成分があるため、「ガスクロマトグラフ質量分析計」と呼ばれる微細な分析装置を使う必要がある。ただ、分析には数時間ほどかかっており、バイオ燃料普及の課題になっていた。

　すでにトタル、ポー大学、オビエド大学の3者は含酸素成分を数十分で特定できる技術を保有している。今回の共同研究では、研究室レベルの技術を実用化までもっていくのが最大の狙いだ。島津は3者と協力し、自社のガスクロマトグラフ質量分析計を中心にソフトウエア開発を含めて一体的なシステム開発につなげる。トタルのマリー・ノエル・セメリア最高技術責任者（CTO）は「バイオ燃料の製品化には正確な含酸素成分の測定が欠かせない。島津とイノベーションを加速したい」と話した。

　島津製は分析機器大手。ガスクロマトグラフや質量分析計など微細な分析機器ではアジア最大手。

■島津製作所、下水でコロナ検査サービス　国内初（2/25）

　島津製作所は25日、下水処理場の下水に含まれる新型コロナウイルスのPCR検査を受託するサービスを始めたと発表した。新型コロナは発症前後の感染者のふん便にも含まれるとされる。同様のサービスは国内初。自治体などに売り込む。地域でのウイルスの感染状況を把握する手法として普及する可能性がある。

島津の子会社、島津テクノリサーチがサービスを受託する。京都大学の田中宏明教授らの協力を得て、下水に含まれるごく微量なウイルスを濃縮して検出する方法を確立した。島津が2020年春に発売した新型コロナ検出用の試薬を使用し、検体を受けとって2日後に検査結果が得られる。

ふん便には発症前や唾液検査などで陰性結果を得た20日後にもウイルスが存在する場合があるとされる。市町村など一定エリアから集まる下水を通じて分析できるため、地域の状況を把握する手段として利便性が高いとみている。

■解像度2倍の撮影装置　脳腫瘍や乳がんを早期発見（3/1）

島津製作所は脳腫瘍や乳がんを検査する際に使う新たな撮影装置の販売を始めた。陽電子放射断層撮影装置（PET）の一種で、従来品に比べて解像度が2倍に向上した。より精密な分析が可能となり、病気の兆候をいち早く検出できる。

ガンマ線を放出する薬剤を体内に投与し、病変を発見する仕組み。従来のPETは全身を撮影するため患部と検出器の距離が離れ、解像度に限界があったという。新製品は頭部や乳房へ検出器を近づけることができるほか、ガンマ線を受け取る新たな機構を採用することで高解像での撮影が可能になった。新製品の定価は税別6億円。3年間で30台の販売を目指す。

■再エネ比率70％に　国内全5工場などで導入（6/24）

島津製作所は24日、国内の全5工場や本社など主要拠点で使う電力を、7月から再生可能エネルギーに切り替えると発表した。再生エネの使用率は海外の拠点を含め、2020年度の7.5％から70％以上に高まるという。30年度までに85％を目指す。

地方の支店や賃貸物件を除き、国内の主要拠点で再生エネを利用する。京都府精華町の研究拠点では、大阪ガスと契約し、固定価格買い取り制度（FIT）を使わない再生エネの供給を受ける。新電力大手イーレックス子会社とも契約を結んだ。

島津によると、複数の電力会社から価格の提示を受けたところ「電気料金は従来よりもやや下がった」という。島津は21年3月、事業で使う電力の全てを再生エネで賄うことを目指す国際的枠組み「RE100」に加盟した。

✔ 就活生情報

面接ではかなり深堀りをされるので，きちんと自分
を振り返ることが大事です

営業職 2020卒

エントリーシート

・形式：サイトからダウンロードした用紙に手で記入
・内容：学生時代に力を入れたこと，自己PR，志望動機はない。最終面接前に
大学指定の履歴書を提出

セミナー

・記載無し

筆記試験

・形式：Webテスト
・科目：数学，算数/国語，漢字
・内容：エントリーシート提出時にWeb玉手箱，最終面接前にテストセンター
SPI

面接（個人・集団）

・雰囲気：和やか
・質問内容：1次は集団面接（学生時代頑張ったこと，アルバイトのこと，逆質
問など）。2次は個人面接（学生時代頑張ったこと，希望職種，逆質問など）
・最終は個人面接（志望動機，逆質問など）

内定

・通知方法：電話

▶ その他受験者からのアドバイス

・人を見て採用するので，最終選考まで志望動機などは特に聞かれない。そ
のため，違う業界を志望していても，軸を持ちそれを伝えられれば内定を
取れるかもしれない

会話のキャッチボールを大切に話せば大丈夫。就活の軸は，どんなものでもいいのでしっかり持っておきましょう

営業職 2020卒

エントリーシート

- 形式：採用ホームページから記入
- 内容：学生時代に力を入れたこと・研究テーマ・自分のスキルを島津でどう活かせるか

セミナー

- 記載無し

筆記試験

- 形式：Webテスト
- 科目：数学，算数／国語，漢字
- 内容：エントリー時に玉手箱。最終面談を受ける前にSPI

面接（個人・集団）

- 雰囲気：和やか
- 回数：3回
- 質問内容：学生時代頑張ったこと，その中で直面した困難なこと，リーダー気質か・サポーター気質か，趣味について，他社の選考状況，なぜ営業職か，どういう営業になりたいか，自分の強みと弱み，何かを買うとき拘るか，研究で使っている分析機器について，なぜ島津か，最近始めた新しいこと，志望する事業部，勤務地，海外志向はあるか，営業として働く覚悟はあるか　など

内定

- 拘束や指示：6月初めに内定者の顔合わせ
- 通知方法：電話
- タイミング：予定より早い

▶ その他受験者からのアドバイス

- 面接官の方々の人柄が非常に良かった

技術系総合職 2019卒

エントリーシート

・内容：化学，物理，情報などの分野ごとに具体的項目が列挙されていて，理解度の記入。使ったことのある計測器。技術的活動について

セミナー

・選考とは無関係
・服装：リクルートスーツ
・内容：業界説明，企業紹介，社員１名に学生10人程度の割合で割り振られ，質問会。なんでも答えてくれて好印象だった

筆記試験

・形式：Webテスト
・科目：SPI（数学，算数／国語，漢字／性格テスト／事務処理テスト）

面接（個人・集団）

・質問内容：志望業界についての理由付けは理解できたが，なぜ弊社でないといけないのか，技術営業として客先を回る仕事などは問題ないか，防衛省向け商品に関わる仕事に拒否感はあるか

内定

・通知方法：電話

▶ その他受験者からのアドバイス
・面接官はプロですから，志望動機や研究内容の説明に綻びがないか探ってきます。上辺だけの理解ではすぐボロが出るため，自分の言葉で入念に作文して，準備しておくといいと思います

開発職 2017卒

エントリーシート

・形式：採用ホームページから記入
・内容：研究内容，学生時代に力を入れたこと，学生時代に学んできたことを
　入社後どう活かすか

セミナー

・選考とは無関係
・服装：リクルートスーツ
・内容：会社の概要，製品紹介，先輩社員の声。先輩社員はみんな優しくて，
　まじめな人でした

筆記試験

・形式：Webテスト
・科目：SPI（数学，算数／国語，漢字／性格テスト）

面接（個人・集団）

・雰囲気：和やか
・回数：3回

内定

・通知方法：電話

▶ その他受験者からのアドバイス

・接触は，始めに，1回だけ会った
・面談内容は，リクルーターの仕事内容，会社の雰囲気

説明会にはできるだけ多く参加しましょう

技術職 2017卒

エントリーシート

・形式：採用ホームページから記入

セミナー

・選考とは無関係
・服装：リクルートスーツ

筆記試験

・形式：Webテスト
・科目：SPI（数学，算数／国語，漢字／性格テスト）

面接（個人・集団）

・雰囲気：和やか
・質問内容：学生時代力を入れたこと，研究内容，志望動機

内定

・通知方法：電話

▶ その他受験者からのアドバイス

・よかった点は，連絡が早いこと，面接が和やかな雰囲気なこと

技術職 2017卒

エントリーシート

・内容：大学・大学院での学業，学生時代力を入れたこと，あなたがこれまで
学んできたことやスキルを入社後どのように活かしたいと考えている

セミナー

・参加しなかった

筆記試験

・科目：SPI

面接（個人・集団）

・質問内容：学生時代に力を入れたこと，困難だったこと，逆質問(25分ぐら
い)，就職活動の軸

・二次面談：研究について(30分，必要ならば紙も使える)，志望動機，他社状況，
逆質問

内定

・拘束や指示：特になし

・通知方法：電話

・タイミング：予定より早い

視野を狭め過ぎないことです。
ぜひ視野を広げ，業界研究をしてみてください

管理系（2次募集）2017卒

エントリーシート
・形式：採用ホームページから記入

セミナー
・選考とは無関係
・服装：リクルートスーツ
・内容：2次募集ではwebセミナーの閲覧が応募条件

筆記試験
・形式：Webテスト
・科目：数学，算数／国語，漢字

面接（個人・集団）
・質問内容：島津製作所について知っていること，ESや過去の経験の深堀り，数学や理科，理系の教科は高校の頃から好きだったか，どういった部署で働きたいか

内定
・通知方法：電話

● その他受験者からのアドバイス
・よかった点は，連絡がスピーディ
・最終面接は交通費が支給されます

周囲の噂や情報に惑わされず，自分の気持ちを一番大切にして，納得のいくまで努力しよう

事務系 2016卒

エントリーシート
・形式：Webで記入して送信する形式（ホームページから）

セミナー
・選考とは無関係
・服装：リクルートスーツ
・内容：「会社説明会」「製品見学会」「仕事体感」など

面接（個人・集団）
・雰囲気：和やか
・回数：3回

内定
・通知方法：電話

就活において情報は多い方が有利。広くアンテナを張っておくべきですが，取捨選択も重要です

技術系 2015卒

エントリーシート
・形式：Webで記入して送信する形式
・内容：「研究内容」，「大学時代に最も力を入れたこと」，「学んだことやスキルを入社後どのように生かせるか」

セミナー
・筆記や面接などが同時に実施される，選考と関係のあるものだった
・服装：リクルートスーツ
・内容：企業紹介，社員の経験談，グループワーク

筆記試験
・形式：Webテスト
・科目：数学，算数/国語，漢字/性格テスト。内容はSPI3テストセンター

面接（個人・集団）
・雰囲気：和やか
・回数：2回
・質問内容：自己紹介，研究について，学生時代に力を入れたこと，そこから何を得たか，志望する事業分野と職種，他社の選考状況，志望動機，大学院での研究について，高専での研究について，など

グループディスカッション
・課題として出された簡単な「製品」をグループで協力してQCDを考慮しながら完成させる

内定
・通知方法：大学キャリアセンター宛に内定通知

● その他受験者からのアドバイス
・大きな声であいさつをすることや笑顔を心がける。基本忘れるべからず。
・「一緒に働きたい」と思ってもらえるよう人柄を磨くことも重要だと思う。
・体調管理は万全に。精神的ストレスもあって身体をこわしやすい。

技術採用 2015卒

エントリーシート

・形式：Webで記入して送信する形式
・内容：「大学・大学院の勉強について」，「研究や実験等で使用したことのある
　装置・機器」，「大学時代，最も力を入れたこと」，「あなたがこれまで学んでき
　たことやスキルを入社後どのように生かしたいか」

セミナー

・選考と関係のあるものだった
・服装：リクルートスーツ
・内容：企業紹介，社員の経験談，グループディスカッション。グループディス
　カッションに参加すると一次面接が免除になる

筆記試験

・形式：Webテスト
・科目：数学，算数／国語，漢字／性格テスト。内容はSPI3テストセンター

面接（個人・集団）

・雰囲気：和やか
・回数：2回
・質問内容：自己紹介，志望動機，研究内容，など

グループディスカッション

・セミナーにおいて実施，7人で「働く上で必要なこと」というテーマで話した

✔ 有価証券報告書の読み方

01 部分的に読み解くことからスタートしよう

「有価証券報告書（以下，有報）」という名前を聞いたことがある人も少なくはないだろう。しかし，実際に中身を見たことがある人は決して多くはないのではないだろうか。有報とは上場企業が年に１度作成する，企業内容に関する開示資料のことをいう。開示項目には決算情報や事業内容について，従業員の状況等について記載されており，誰でも自由に見ることができる。

　一般的に有報は，証券会社や銀行の職員，または投資家などがこれを読み込み，その後の戦略を立てるのに活用しているイメージだろう。その認識は間違いではないが，だからといって就活に役に立たないというわけではない。就活を有利に進める上で，お得な情報がふんだんに含まれているのだ。ではどの部分が役に立つのか，実際に解説していく。

■有価証券報告書の開示内容
では実際に，有報の開示内容を見てみよう。

有価証券報告書の開示内容
第一部【企業情報】
第1　【企業の概況】
第2　【事業の状況】
第3　【設備の状況】
第4　【提出会社の状況】
第5　【経理の状況】
第6　【提出会社の株式事務の概要】
第7　【提出会社の状参考情報】
第二部【提出会社の保証会社等の情報】
第1　【保証会社情報】
第2　【保証会社以外の会社の情報】
第3　【指数等の情報】

有報は記載項目が統一されているため，どの会社に関しても同じ内容で書かれている。このうち就活において必要な情報が記載されているのは，第一部の第1【企業の概況】〜第5【経理の状況】まで，それ以降は無視してしまってかまわない。

02 企業の概況の注目ポイント

　第1【企業の概況】には役立つ情報が満載。そんな中，最初に注目したいのが，冒頭に記載されている【主要な経営指標等の推移】の表だ。

回次		第25期	第26期	第27期	第28期	第29期
決算年月		平成24年3月	平成25年3月	平成26年3月	平成27年3月	平成28年3月
営業収益	（百万円）	2,532,173	2,671,822	2,702,916	2,756,165	2,867,199
経常利益	（百万円）	272,182	317,487	332,518	361,977	428,902
親会社株主に帰属する当期純利益	（百万円）	108,737	175,384	199,939	180,397	245,309
包括利益	（百万円）	109,304	197,739	214,632	229,292	217,419
純資産額	（百万円）	1,890,633	2,048,192	2,199,357	2,304,976	2,462,537
総資産額	（百万円）	7,060,409	7,223,204	7,428,303	7,605,690	7,789,762
1株当たり純資産額	（円）	4,738.51	5,135.76	5,529.40	5,818.19	6,232.40
1株当たり当期純利益	（円）	274.89	443.70	506.77	458.95	625.82
潜在株式調整後1株当たり当期純利益	（円）	—	—	—	—	—
自己資本比率	（%）	26.5	28.1	29.4	30.1	31.4
自己資本利益率	（%）	5.9	9.0	9.5	8.1	10.4
株価収益率	（倍）	19.0	17.4	15.0	21.0	15.5
営業活動によるキャッシュ・フロー	（百万円）	558,650	588,529	562,763	622,762	673,109
投資活動によるキャッシュ・フロー	（百万円）	△370,684	△465,951	△474,697	△476,844	△499,575
財務活動によるキャッシュ・フロー	（百万円）	△152,428	△101,151	△91,367	△86,636	△110,265
現金及び現金同等物の期末残高	（百万円）	167,525	189,262	186,057	245,170	307,809
従業員数 [ほか、臨時従業員数]	（人）	71,729 [27,746]	73,017 [27,312]	73,551 [27,736]	73,329 [27,313]	73,053 [26,147]

　見慣れない単語が続くが，そう難しく考える必要はない。特に注意してほしいのが，**営業収益**，**経常利益**の二つ。営業収益とはいわゆる**総売上額**のことであり，これが企業の本業を指す。その営業収益から営業費用（営業費（販売費＋一般管理費）＋売上原価）を差し引いたものが**営業利益**となる。会社の業種はなんであれ，モノを顧客に販売した合計値が営業収益であり，その営業収益から人件費や家賃，広告宣伝費などを差し引いたものが営業利益と覚えておこう。対して経常利益は営業利益から本業以外の損益を差し引いたもの。いわゆる金利による収益や不動産収入などがこれにあたり，本業以外でその会社がどの程度の力をもっているかをはかる絶好の指標となる。

■**会社のアウトラインを知れる情報が続く。**

　この主要な経営指標の推移の表につづいて,「会社の沿革」,「事業の内容」,「関係会社の状況」「従業員の状況」などが記載されている。自分が試験を受ける企業のことを,より深く知っておくにこしたことはない。会社がどのように発展してきたのか,主としている事業はどのようなものがあるのか,従業員数や平均年齢はどれくらいなのか,志望動機などを作成する際に役立ててほしい。

03 事業の状況の注目ポイント

　第2となる【事業の状況】において,最重要となるのは**業績等の概要**といえる。ここでは1年間における収益の増減の理由が文章で記載されている。「○○という商品が好調に推移したため,売上高は△△になりました」といった情報が,比較的易しい文章で書かれている。もちろん,損失が出た場合に関しても包み隠さず記載してあるので,その会社の1年間の動向を知るための格好の資料となる。

　また,業績については各事業ごとに細かく別れて記載してある。例えば鉄道会社ならば,①運輸業,②駅スペース活用事業,③ショッピング・オフィス事業,④その他といった具合だ。**どのサービス・商品がどの程度の売上を出したのか**,会社の持つ展望として,今後**どの事業をより活性化**していくつもりなのか,などを意識しながら読み進めるとよいだろう。

■「対処すべき課題」と「事業等のリスク」

　業績等の概要と同様に重要となるのが,「**対処すべき課題**」と「**事業等のリスク**」の2項目といえる。ここで読み解きたいのは,その会社の**今後の伸びしろ**について。いま,会社はどのような状況にあって,どのような課題を抱えているのか。また,その課題に対して取られている対策の具体的な内容などから経営方針などを読み解くことができる。リスクに関しては法改正や安全面,他の企業の参入状況など,会社にとって決してプラスとは言えない情報もつつみ隠さず記載してある。客観的にその会社を再評価する意味でも,ぜひ目を通していただきたい。

　次代を担う就活生にとって,ここの情報はアピールポイントとして組み立てやすい。「新事業の○○の発展に際して……」,「御社が抱える●●というリスクに対して……」などという発言を面接時にできれば,面接官の心証も変わってくるはずだ。

　最後に注目したいのが，第5【経理の状況】だ。ここでは，簡単にいえば【主要な経営指標等の推移】の表をより細分化した表が多く記載されている。ここの情報をすべて理解するのは，簿記の知識がないと難しい。しかし，そういった知識があまりなくても，読み解ける情報は数多くある。例えば**損益計算書**などがそれに当たる。

連結損益計算書

(単位：百万円)

	前連結会計年度 (自 平成26年4月1日 至 平成27年3月31日)	当連結会計年度 (自 平成27年4月1日 至 平成28年3月31日)
営業収益	2,756,165	2,867,199
営業費		
運輸業等営業費及び売上原価	1,806,181	1,841,025
販売費及び一般管理費	※4 522,462	※4 538,352
営業費合計	2,328,643	2,379,378
営業利益	427,521	487,821
営業外収益		
受取利息	152	214
受取配当金	3,602	3,703
物品売却益	1,438	998
受取保険金及び配当金	8,203	10,067
持分法による投資利益	3,134	2,565
雑収入	4,326	4,067
営業外収益合計	20,858	21,616
営業外費用		
支払利息	81,961	76,332
物品売却損	350	294
雑支出	4,090	3,908
営業外費用合計	86,403	80,535
経常利益	361,977	428,902
特別利益		
固定資産売却益	※4 1,211	※4 838
工事負担金等受入額	※5 59,205	※5 24,487
投資有価証券売却益	1,269	4,473
その他	5,016	6,921
特別利益合計	66,703	36,721
特別損失		
固定資産売却損	※6 2,088	※6 1,102
固定資産除却損	※7 3,957	※7 5,105
工事負担金等圧縮額	※8 54,253	※8 18,346
減損損失	※9 12,738	※9 12,297
耐震補強重点対策関連費用	8,906	10,288
災害損失引当金繰入額	1,306	25,085
その他	30,128	8,537
特別損失合計	113,379	80,763
税金等調整前当期純利益	315,300	384,860
法人税、住民税及び事業税	107,540	128,972
法人税等調整額	26,202	9,326
法人税等合計	133,742	138,298
当期純利益	181,558	246,561
非支配株主に帰属する当期純利益	1,160	1,251
親会社株主に帰属する当期純利益	180,397	245,309

　主要な経営指標等の推移で記載されていた**経常利益**の算出する上で必要な営業外収益などについて，詳細に記載されているので，一度目を通しておこう。

　いよいよ次ページからは実際の有報が記載されている。ここで得た情報をもとに有報を確実に読み解き，就職活動を有利に進めよう。

※抜粋

企業の概況

1 主要な経営指標等の推移

(1) 連結経営指標等 ···

回次		第156期	第157期	第158期	第159期	第160期
決算年月		2019年3月	2020年3月	2021年3月	2022年3月	2023年3月
売上高	(百万円)	391,213	385,443	393,499	428,175	482,240
経常利益	(百万円)	45,462	42,669	48,378	65,577	70,882
親会社株主に帰属する当期純利益	(百万円)	32,523	31,766	36,097	47,289	52,048
包括利益	(百万円)	28,241	24,281	50,982	57,142	57,041
純資産額	(百万円)	287,941	302,775	335,504	381,164	423,499
総資産額	(百万円)	437,190	437,618	497,459	560,528	618,869
1株当たり純資産額	(円)	977.35	1,027.87	1,138.67	1,293.60	1,437.19
1株当たり当期純利益	(円)	110.41	107.84	122.52	160.49	176.64
潜在株式調整後1株当たり当期純利益	(円)	−	−	−	−	−
自己資本比率	(%)	65.9	69.2	67.4	68.0	68.4
自己資本利益率	(%)	11.7	10.8	11.3	13.2	12.9
株価収益率	(倍)	29.0	26.4	32.7	26.4	23.4
営業活動によるキャッシュ・フロー	(百万円)	29,454	39,509	63,801	63,367	48,303
投資活動によるキャッシュ・フロー	(百万円)	△22,897	△16,062	△13,860	△6,044	△34,509
財務活動によるキャッシュ・フロー	(百万円)	△10,819	△26,185	△13,033	△15,658	△19,418
現金及び現金同等物の期末残高	(百万円)	70,842	66,683	106,855	155,319	153,734
従業員数 [外、平均臨時雇用人員]	(人)	12,684 [1,462]	13,182 [1,352]	13,308 [1,286]	13,499 [1,276]	13,898 [1,386]

(注) 1. 潜在株式調整後1株当たり当期純利益については，潜在株式が存在しないため記載していません。

2. 当社は，「役員報酬BIP信託」を導入しており，当該信託が保有する当社株式を連結財務諸表において自己株式として計上しています。これに伴い，1株当たり当期純利益の算定上，当該信託が保有する当社株式を「普通株式の期中平均株式数」の計算において控除する自己株式数に含めています。

3. 第158期の期首から「収益認識に関する会計基準」（企業会計基準第29号　2018年3月30日公表分）等を適用しています。

(point) **採算改善努力により経常利益率が徐々に上昇**

採算の改善を目標にかかげ，継続的に努力を行ってきているため，経常利益率（＝経常利益÷売上高）がこの5年間でも徐々に上向いてきている。平成25年3月期に一時的に経常利益率が悪化しているのは，売上高が減少した上，採算が1.5%悪化，さらに販売費及び一般管理費も増加した影響である。

（2） 提出会社の経営指標等 ···

回次		第156期	第157期	第158期	第159期	第160期
決算年月		2019年3月	2020年3月	2021年3月	2022年3月	2023年3月
売上高	（百万円）	205,404	205,286	208,396	224,608	244,955
経常利益	（百万円）	30,092	28,810	31,165	45,311	50,524
当期純利益	（百万円）	24,244	24,542	26,962	36,065	40,543
資本金	（百万円）	26,648	26,648	26,648	26,648	26,648
発行済株式総数	（千株）	296,070	296,070	296,070	296,070	296,070
純資産額	（百万円）	181,359	196,264	214,965	239,413	264,614
総資産額	（百万円）	289,910	291,604	318,574	368,433	394,866
1株当たり純資産額	（円）	615.68	666.28	729.57	812.52	898.00
1株当たり配当額 （内1株当たり中間配当額）	（円） （円）	28.00 (13.00)	30.00 (15.00)	34.00 (15.00)	48.00 (20.00)	54.00 (22.00)
1株当たり当期純利益	（円）	82.31	83.32	91.52	122.40	137.59
潜在株式調整後 1株当たり当期純利益	（円）	–	–	–	–	–
自己資本比率	（%）	62.6	67.3	67.5	65.0	67.0
自己資本利益率	（%）	13.9	13.0	13.1	15.9	16.1
株価収益率	（倍）	38.9	34.1	43.8	34.6	30.1
配当性向	（%）	34.0	36.0	37.2	39.2	39.2
従業員数 [外、平均臨時雇用人員]	（人）	3,378 [402]	3,456 [366]	3,492 [354]	3,491 [384]	3,541 [393]
株主総利回り （比較指標：配当込みTOPIX）	（%） （%）	107.9 (95.0)	97.0 (85.9)	136.9 (122.1)	146.2 (124.6)	144.9 (131.8)
最高株価	（円）	3,670	3,510	4,450	5,550	4,875
最低株価	（円）	2,008	2,148	2,581	3,675	3,570

（注） 1. 潜在株式調整後1株当たり当期純利益については，潜在株式が存在しないため記載していません。

　　　 2. 当社は，「役員報酬BIP信託」を導入しており，当該信託が保有する当社株式を財務諸表において自己株式として計上しています。これに伴い，1株当たり当期純利益の算定上，当該信託が保有する当社株式を「普通株式の期中平均株式数」の計算において控除する自己株式数に含めています。

　　　 3. 最高・最低株価は，2022年4月4日より東京証券取引所プライム市場におけるものであり，それ以前については東京証券取引所市場第一部におけるものです。

　　　 4. 第158期の期首から「収益認識に関する会計基準」（企業会計基準第29号　2018年3月30日公表分）等を適用しています。

沿革

　当社の創業は1875年初代島津源蔵が京都市木屋町二条において，個人経営により教育用理化学器械製作の業を興したのにはじまり，その後1897年蓄電池の

(point) 単体の自己資本利益率は急上昇

　P12は島津製作所グループ全体の経営指標であるが，こちらは島津製作所単体での経営指標である。自己資本利益率を見ると，P12のグループ全体では毎期5％前後で推移しているが，島津製作所単体ベースでは当年度に8.8％まで急激に上昇していることが分かる。自己資本利益率の低い子会社があるものと考えられる。

製造を開始，1909年わが国初の医療用X線装置を完成するなど順次業容を拡大
し，1917年には蓄電池部門を分離独立（後の日本電池株式会社，現株式会社ジー
エス・ユアサ　コーポレーション）させるとともに，同年9月をもって資本金
200万円で株式会社に改組しました。現在，精密機器の総合メーカーとして，計
測機器，医用機器，産業機器，航空機器など多彩な製品を各方面に供給していま
す。株式会社に改組後の主な経歴はつぎのとおりです。
　なお，主な経歴中の子会社は，すべて連結子会社です。

年　月	概　要
1917年9月	・株式会社島津製作所設立（本店京都市木屋町二条） ・東京支店（現支社），大阪支店（現関西支社）および福岡支店（現九州支店）設置
1919年8月	・京都市中京区河原町二条に本店移転
1919年10月	・三条工場開設，産業機器の製造開始
1935年6月	・名古屋，札幌両営業所（現支店）開設
1938年4月	・京都証券取引所に株式上場
1944年4月	・紫野工場開設
1949年5月	・東京証券取引所に株式上場
1953年5月	・広島営業所（現支店）開設
1955年7月	・京都営業所（現支店）開設
1956年10月	・航空機器部門新設
1959年4月	・仙台出張所（現東北支店）開設
1961年9月	・高松事務所（現四国支店）開設
1962年1月	・当社材料工場銑鉄鋳物部門を分離し，島津金属工業株式会社（現島津産機システムズ株式会社）を設立 ・瀬田工場開設
1963年7月	・京都計装株式会社（現島津システムソリューションズ株式会社）を設立
1966年2月	・大阪丸十放射線サービス株式会社（現島津メディカルシステムズ株式会社）を設立
1966年10月	・神戸出張所（現支店）開設
1968年8月	・西独（現ドイツ）にシマヅ オイローパ ゲーエムベーハー（SHIMADZU EUROPA GmbH）を設立
1969年4月	・当社理化器械部を分離し，島津理化器械株式会社（現株式会社島津理化）を設立
1972年4月	・株式会社京都科学研究所（現株式会社島津テクノリサーチ）を設立

(point) 沿革

　どのように創業したかという経緯から現在までの会社の歴史を年表で知ることができ
る。過去に行った重要なM＆Aなどがいつ行われたのか，ブランド名はいつから使わ
れているのか，いつ頃から海外進出を始めたのか，など確認することができて便利だ。

1975年7月	・米国にシマヅ サイエンティフィック インスツルメンツ インク（SHIMADZU SCIENTIFIC INSTRUMENTS, INC.）を設立
1979年4月	・米国にシマヅ プレシジョン インスツルメンツ インク（SHIMADZU PRECISION INSTRUMENTS, INC.）を設立
1979年7月	・筑波営業所（現つくば支店）開設
1980年5月	・神奈川事務所（現横浜支店）開設
1985年1月	・北関東営業所（現支店）開設
1985年10月	・厚木工場開設
1986年12月	・京都市中京区西ノ京桑原町に本店移転
1989年6月	・英国のクレイトス グループ ピーエルシー（KRATOS GROUP PLC）を買収
1989年11月	・シンガポールにシマヅ（エイシア パシフィック）プライベイト リミテッド［SHIMADZU（ASIA PACIFIC）PTE. LTD.］を設立
1990年2月	・メトロン株式会社（現島津サイエンス東日本株式会社，島津サイエンス西日本株式会社）を設立
1990年4月	・静岡営業所（現支店）開設
1991年7月	・けいはんな研究所（現基盤技術研究所）開設
1991年9月	・秦野工場開設
1994年8月	・中国に天津島津液圧有限公司を設立
1997年10月	・中国に島津（香港）有限公司を設立
1999年6月	・中国に島津国際貿易（上海）有限公司（現島津企業管理（中国）有限公司）を設立
2003年1月	・田中耕一記念質量分析研究所開設
2007年1月	・アラブ首長国連邦にシマヅ ミドル イースト アンド アフリカ エフゼットイー（SHIMADZU MIDDLE EAST AND AFRICA FZE）を設立
2011年4月	・分析計測機器のサービス関連子会社を株式会社島津アクセスとして統合・再編
2013年11月	・ウルグアイにシマヅ ラテン アメリカ エスエー（SHIMADZU LATIN AMERICA S.A.）を設立
2019年2月	・韓国にシマヅ サイエンティフィック コリア コーポレーション（SHIMADZU SCIENTIFIC KOREA CORPORATION）を設立
2019年6月	・
2022年4月	・東京証券取引所の市場区分見直しにより，東京証券取引所の市場第一部からプライム市場に移行
2022年5月	・Shimadzuみらい共創ラボ開設
2022年9月	・日水製薬株式会社（現島津ダイアグノスティクス株式会社）を子会社化

point 株主資本比率が高く良好な財務基盤が強み

　自己資本比率とは，総資産のうち返済の必要のない資本（自己資本）の割合である。島津製作所の自己資本比率は安定して50％を上回っており，かなり高い水準である。借入金のように，返済義務のある利息付きの負債も多くはなく，島津製作所の財政基盤は良好であるといえる。

2023年1月	・Shimadzu Tokyo Innovation Plaza開設
2023年4月	・Shimadzu Logistics Center Kyoto開設

3 事業の内容

　当社および当社の関係会社（子会社84社および関連会社7社（2023年3月31日現在））は，計測機器，医用機器，産業機器，航空機器，その他の各事業分野で研究開発，製造，販売，保守サービス等にわたる事業活動を行っています。当社および主要な関係会社の当該事業における位置付けはつぎのとおりです。

　なお，計測機器，医用機器，産業機器，航空機器，その他の各事業は，「第5経理の状況 1 連結財務諸表等（1）連結財務諸表 注記事項」に掲げるセグメント情報の区分と同一です。

(point) 事業の内容

　会社の事業がどのようにセグメント分けされているか，そして各セグメントではどのようなビジネスを行っているかなどの説明がある。また最後に事業の系統図が載せてあり，本社，取引先，国内外子会社の製品・サービスや部品の流れが分かる。ただしセグメントが多いコングロマリットをすぐに理解するのは簡単ではない。

事業区分	主要製品等	主要な関係会社
計測機器	クロマト分析システム、質量分析システム、光分析システム、熱分析システム、ライフサイエンス関連分析システム、X線分析システム、表面分析・観察システム、水質計測システム、排ガス測定システム、材料試験機、疲労・耐久試験機、構造物試験機、非破壊検査システム、高速度ビデオカメラ、粉粒体測定システム、天びん・はかり、回折格子、レーザ機器、小形分光器、臨床検査用試薬、全自動PCR検査システム、培地、微生物検査システム	[製造・販売] 島津サイエンス東日本(株)、島津サイエンス西日本(株)、日水製薬(株)、 (株)島津理化、島津システムソリューションズ(株)、島津エイテック(株)、 シマヅ サイエンティフィック インスツルメンツ インク(アメリカ)、 シマヅ ユーエスエー マニュファクチュアリング インク(アメリカ)、 シマヅ オイローパ ゲーエムベーハー(ドイツ)、 クレイトス アナリティカル リミテッド(イギリス)、 島津(香港)有限公司(中国)、島津企業管理(中国)有限公司(中国)、 島津儀器(蘇州)有限公司(中国)、 シマヅ サイエンティフィック コリア コーポレーション(韓国)、 シマヅ(エイシア パシフィック)プライベイト リミテッド(シンガポール)、 シマヅ マニュファクチュアリング エイシア エスディーエヌ ビーエイチディー(マレーシア)、 シマヅ ミドル イースト アンド アフリカ エフゼットイー(アラブ首長国連邦)、 シマヅ ラテン アメリカ エスエー(ウルグアイ) [保守サービス] (株)島津アクセス [研究開発・分析受託] (株)島津テクノリサーチ、 シマヅ リサーチ ラボラトリー(ヨーロッパ)リミテッド(イギリス)
医用機器	X線TVシステム、X線撮影システム、血管撮影システム、PETシステム、放射線治療装置用動体追跡システム、近赤外光イメージングシステム、医療情報システム	[製造・販売] 島根島津(株)、 シマヅ プレシジョン インスツルメンツ インク(アメリカ)、 シマヅ オイローパ ゲーエムベーハー(ドイツ)、 島津(香港)有限公司(中国)、島津企業管理(中国)有限公司(中国)、 北京島津医療器械有限公司(中国)、 シマヅ(エイシア パシフィック)プライベイト リミテッド(シンガポール)、 シマヅ ミドル イースト アンド アフリカ エフゼットイー(アラブ首長国連邦)、 シマヅ ラテン アメリカ エスエー(ウルグアイ) [販売・保守サービス] 島津メディカルシステムズ(株)
産業機器	ターボ分子ポンプ、油圧ギヤポンプ、コントロールバルブ、パワーパッケージ、高速スパッタリングシステム、動的合試験機(バランシングマシン)、ヘリウムリークディテクタ、工業炉、ガラスワインダ、液送ポンプ	[製造・販売] 島津産業システムズ(株)、島津プレシジョンテクノロジー(株)、 シマヅ プレシジョン インスツルメンツ インク(アメリカ)、 島津(香港)有限公司(中国)、島津企業管理(中国)有限公司(中国)、天津島津液圧有限公司(中国)
航空機器	フライトコントロールシステム、エアマネジメントシステム、コックピットディスプレイシステム、エンジン補機、海洋機器、磁気計測機器	[製造・販売] 島津エアロテック(株)、 シマヅ プレシジョン インスツルメンツ インク(アメリカ)
その他	不動産賃貸、不動産管理、建設飾床業 等	(株)島津総合サービス、太平工業(株)

当期純利益改善で自己資本利益率も回復

株主資本利益率(=当期純利益÷株主資本，ROE)は株主資本によりどれだけ効率的に利益が生み出されているかを図る指標である。過去の利益が積み重なり，自己資本が増加の一途をたどる一方で，前年度は利益が減少したために自己資本利益率が低下した。当年度は，当期純利益とともに自己資本利益率の水準も再び回復している。

当社グループ（当社および連結子会社）の主要な事業活動を事業系統図によっ
て示すとつぎのとおりです。

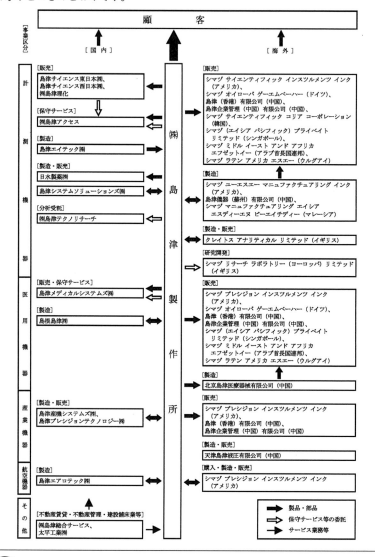

関係会社の状況

主に子会社のリストであり,事業内容や親会社との関係についての説明がされている。
特に製造業の場合などは子会社の数が多く,すべてを把握することは難しいが,重要
な役割を担っている子会社も多くある。有報の他の項目では一度も触れられていない
場合が多いので,気になる会社については個別に調べておくことが望ましい。

名称	住所	資本金又は出資金（百万円）	主要な事業の内容	議決権の所有割合（%）	関係内容
（連結子会社）					
島津サイエンス東日本(株)	東京都台東区	75	計測機器、試験検査機器等の販売	100.0	計測機器、試験検査機器等の販売 役員の兼任　有
島津サイエンス西日本(株)	大阪市北区	34	計測機器、試験検査機器等の販売	100.0	計測機器、試験検査機器等の販売 役員の兼任　有
(株)島津アクセス	東京都台東区	55	計測機器、試験検査機器等の据付修理等のサービス業務	100.0	計測機器、試験検査機器等の据付修理等のサービス業務の委託 土地・建物の賃貸 役員の兼任　有
日水製薬(株)	東京都台東区	490	培地・試薬類の製造、販売	100.0	試薬類の販売 役員の兼任　有
(株)島津テクノリサーチ	京都市中京区	80	分析、測定、試験検査業務	100.0	分析、測定、試験検査業務の委託 土地・建物の賃貸 役員の兼任　有
(株)島津理化	東京都千代田区	30	教育用機器および理化学機器の製造、販売	100.0	教育用機器および理化学機器の販売、購入 役員の兼任　有
島津システムソリューションズ(株)	京都市中京区	490	各種計器の製造、販売および計装技術サービス業務	100.0	各種計器の購入および計装技術サービス業務の委託 土地・建物の賃貸 役員の兼任　有
島津メディカルシステムズ(株)	大阪市淀川区	115	医用機器の販売および据付修理等のサービス業務	100.0	医用機器の販売および据付修理等のサービス業務の委託 土地・建物の賃貸 役員の兼任　有
島津産機システムズ(株)	滋賀県大津市	100	産業機器、計測機器の製造、販売および産業機器の据付修理等のサービス業務	100.0	産業機器、計測機器の購入および産業機器の据付修理等のサービス業務の委託 土地・建物の賃貸 役員の兼任　有
島根島津(株)	島根県出雲市	450	医用機器の製造、販売	100.0	医用機器の購入 土地・建物の賃貸 役員の兼任　有
島津エイテック(株)	京都市中京区	450	計測機器の製造、販売	100.0	計測機器の購入 土地・建物の賃貸 役員の兼任　有
島津エアロテック(株)	京都市中京区	100	航空機用機器の製造、販売	100.0	航空機用機器の購入 土地・建物の賃貸 役員の兼任　有
(株)島津総合サービス	京都市中京区	80	不動産の管理等	100.0	不動産の管理の委託等 土地・建物の賃貸 役員の兼任　有
太平工業(株)	京都市右京区	45	建築舗床の請負工事	100.0	建築工事等の発注 土地・建物の賃貸 役員の兼任　有
島津プレシジョンテクノロジー(株)（注）	滋賀県大津市	30	油圧機器、真空機器の製造、販売	100.0	油圧機器、真空機器の購入 土地・建物の賃貸 役員の兼任　有
シマヅ アメリカ インク(注)1	アメリカ デラウェア州	千米ドル 34,000	持株会社としての出資および経営指導	100.0	持株会社 役員の兼任　有
シマヅ サイエンティフィック インスツルメンツ インク	アメリカ メリーランド州	千米ドル 10,500	計測機器の販売	100.0 (100.0)	計測機器の販売 役員の兼任　有
シマヅ プレシジョン インスツルメンツ インク	アメリカ カリフォルニア州	千米ドル 10,200	航空機用装備品の購入、製造、販売および医用機器、産業機器の販売	100.0 (100.0)	航空機用装備品の購入、販売および医用機器、産業機器の販売 役員の兼任　有
シマヅ ユーエスエー マニュファクチュアリング インク	アメリカ オレゴン州	千米ドル 12,500	計測機器の製造、販売	100.0 (100.0)	計測機器の購入および部品の販売 役員の兼任　有

名称	住所	資本金又は出資金（百万円）	主要な事業の内容	議決権の所有割合（％）	関係内容
シマヅ オイローパ ゲーエムベーハー	ドイツ デュイスブルグ市	チユーロ 15,594	欧州地域販売子会社の統括、計測機器および医用機器の販売	100.0 (99.0)	計測機器および医用機器の販売 役員の兼任 有
シマヅ ヨーロッパ リミテッド	イギリス マンチェスター市	チスターリングポンド 13,380	持株会社としての出資および経営指導	100.0	持株会社 役員の兼任 有
シマヅ リサーチ ラボラトリー (ヨーロッパ)リミテッド	イギリス マンチェスター市	チスターリングポンド 2,560	基盤技術の研究開発	100.0 (11.7)	基盤技術の研究開発委託
クレイトス グループ ピーエルシー (注)1	イギリス マンチェスター市	チスターリングポンド 26,750	持株会社としての出資および経営指導	100.0	持株会社 役員の兼任 有
クレイトス アナリティカル リミテッド(注)1	イギリス マンチェスター市	チスターリングポンド 31,760	計測機器の製造、販売	100.0 (100.0)	計測機器の購入 役員の兼任 有
島津(香港)有限公司(注)1,5	中国 香港	千香港ドル 3,000	計測機器、医用機器および産業機器の販売	100.0	計測機器、医用機器および産業機器の販売 役員の兼任 有
島津企業管理(中国)有限公司	中国 上海市	千米ドル 8,000	計測機器、医用機器および産業機器の販売	100.0 (100.0)	計測機器、医用機器および産業機器の販売 役員の兼任 有
天津島津液圧有限公司(注)1	中国 天津市	千人民元 194,341	産業機器の製造、販売	100.0	役員の兼任 有
島津儀器(蘇州)有限公司	中国 江蘇省	千人民元 79,149	計測機器の製造、販売	100.0	計測機器の部品の販売 役員の兼任 有
北京島津医療器械有限公司	中国 北京市	千人民元 8,678	医用機器の製造、販売	100.0	医用機器の部品の販売 役員の兼任 有
シマヅ サイエンティフィック コリア コーポレーション	韓国 ソウル市	百万ウォン 8,400	計測機器の販売	100.0	計測機器の販売 役員の兼任 有
シマヅ(エイシア パシフィック) プライベイト リミテッド	シンガポール	チシンガポールドル 3,150	アジア・オセアニア地域販売子会社の統括、計測機器および医用機器の販売	100.0	計測機器および医用機器の販売 役員の兼任 有
シマヅ マニュファクチュアリング エイシア エスディーエヌ ビーエイチディー	マレーシア ヌガリスンビラン州	チリンギット 67,500	計測機器の製造、販売	100.0	計測機器の購入および部品の販売 役員の兼任 有
シマヅ ミドル イースト アンド アフリカ エフゼットイー	アラブ首長国連邦 ドバイ	チディルハム 4,000	計測機器および医用機器の販売	100.0	計測機器および医用機器の販売 役員の兼任 有
シマヅ ラテン アメリカ エスエー	ウルグアイ モンテビデオ市	千米ドル 1,500	計測機器および医用機器の販売	100.0	計測機器および医用機器の販売 役員の兼任 有
その他　44社	−	−	−	−	−
(持分法適用関連会社)					
3社	−	−	−	−	−

(注) 1. 特定子会社です。
2. 有価証券届出書又は有価証券報告書を提出している会社はありません。
3. 議決権の所有割合の（　）内は，間接所有割合で内数です。
4. 国内連結子会社にキャッシュマネジメントシステム（CMS）を導入し，当社との間で資金の貸付および借入を行っています。
5. 島津（香港）有限公司については，売上高（連結会社相互間の内部売上高を除く）の連結売上高に占める割合が10％を超えています。
　　　主要な損益情報等　　（1）売上高　　　　57,820百万円

point 従業員の状況

　　主力セグメントや，これまで会社を支えてきたセグメントの人数が多い傾向があるのは当然のことだろう。上場している大企業であれば平均年齢は40歳前後だ。また労働組合の状況にページが割かれている場合がある。その情報を載せている背景として，労働組合の力が強く，人数を削減しにくい企業体質だということを意味している。

(2) 経常利益　　　5,485百万円

(3) 当期純利益　　5,088百万円

(4) 純資産額　　　1,406百万円

(5) 総資産額　　　35,030百万円

5　従業員の状況

(1)　連結会社の状況 ・・

(2023年3月31日現在)

セグメントの名称	従業員数(人)
計測機器	8,539　[545]
医用機器	1,984　[157]
産業機器	1,121　[142]
航空機器	359　[82]
その他	884　[230]
全社(共通)	1,011　[230]
合計	13,898　[1,386]

(注) 1. 従業員数は，当社グループからグループ外への出向者を除き，グループ外から当社グループへの出向者を含む就業可能人員数です。

2. 臨時従業員数は[　]内に年間の平均人員を外数で記載しています。

(2)　提出会社の状況 ・・

(2023年3月31日現在)

従業員数(人)	平均年齢(歳)	平均勤続年数(年)	平均年間給与(円)
3,541　[393]	43.6	18.4	8,593,166

セグメントの名称	従業員数(人)
計測機器	1,709　[106]
医用機器	459　[30]
産業機器	121　[15]
航空機器	241　[12]
全社(共通)	1,011　[230]
合計	3,541　[393]

point **業績等の概要**

　この項目では今期の売上や営業利益などの業績がどうだったのか，収益が伸びたあるいは減少した理由は何か，そして伸ばすためにどんなことを行ったかということがセグメントごとに分かる。現在，会社がどのようなビジネスを行っているのか最も分かりやすい箇所だと言える。

1. 従業員数は，当社から当社外への出向者を除き，当社外から当社への出向者を含む就業可能人員数です。
   2. 平均年齢，平均勤続年数，平均年間給与には，当社から当社外への出向者および当社外から当社への出向者を含んでいません。
   3. 臨時従業員数は[　]内に年間の平均人員を外数で記載しています。
   4. 平均年間給与は，賞与および基準外賃金を含んでいます。

（3）　労働組合の状況 ……………………………………………………………

　当社の労働組合は日本労働組合総連合会（連合）に加盟し，2023年3月31日現在の組合員数は2,791人であり，当社とは正常な労使関係を維持しています。

---

point **計測機器に人員を優先投入**

　前期と比較すると，計測機器の従業員数が増加しており，社内で最も大きい割合を占める計測機器を強化していこうとしていることが分かる。また，平均年齢や平均勤続年数は前年度と同じような水準であり，人員構成を変化させるような大きな再編やリストラ等はここからは特段予測されない。

事業の状況

1 経営方針，経営環境及び対処すべき課題等

当社グループの経営方針，経営環境及び対処すべき課題等は，以下のとおりです。

なお，文中の将来に関する事項は，当連結会計年度末現在において当社グループが判断したものです。

（1） 会社の経営の基本方針

当社は，社是「科学技術で社会に貢献する」，経営理念「『人と地球の健康』への願いを実現する」のもと，永年の事業で培った技術，ノウハウを活かし，複雑化・多様化する社会の課題や要請に応える製品・サービスの提供，それを基にした社会課題解決の仕組み作りを行い，ステークホルダーからの信頼の獲得と，企業価値の向上に努めています。

また，社是・経営理念に基づく事業活動を通してサステナブルな社会を実現するために，「島津グループサステナビリティ憲章」を制定しました。グループ全体で，「地球環境とグローバル社会の持続可能性」，「島津グループの事業活動の持続と成長」，「従業員の健康とエンゲージメントの向上」を目指して，サステナビリティ経営を実践していきます。

これからも，地球・社会・人との調和を図りながら，"事業を通じた社会課題の解決"と"社会の一員としての責任ある活動"の両輪で企業活動を行い，明るい未来を創造します。

（2） 中長期的な会社の経営戦略と優先的に対処すべき課題

1） 経営環境および中期的な成長戦略

世界的な物価高と金融引き締めによる景気下振れリスクの拡大や，ロシア・ウクライナ情勢の長期化，米中対立の激化などにより依然事業環境は厳しい状況にあります。

世界では新型コロナウイルスとの戦いを経て人の命と健康への意識が高まり，また，気候変動の影響を社会課題として捉え対策を行う動きが加速しています。

(point) 売上の大きな部分を占める計測機器事業

計測機器は主力の汎用分析機器を始め多くの分野で売上高が増加した。今後は質量分析装置やクロマトグラフといったグローバル製品に重点的に研究開発費を投入する。質量分析機器は医療・ヘルスケア部門で需要拡大が見込まれる。北京にMS（質量分析装置）センターを新設し，環境・創薬等の分野での開発を行う計画だ。

当社は，これらの課題解決に貢献すべく，「人と地球の健康」の追求を掲げ，事業活動を強化します。

今年度から開始した新中期経営計画において，「人の命と健康への貢献」，「地球の健康への貢献」，「産業の発展，安心・安全な社会の実現への貢献」を当社のミッションとし，そのミッションを果たす事業領域をヘルスケア，グリーン，マテリアル，インダストリーと定め，当社の技術開発力と社会実装力の両輪で課題解決に貢献し，持続的な成長を目指します。

2) 2023-2025 中期経営計画の取り組み

新中期経営計画では，お客様中心の課題解決型企業への変革を進めるとともに，事業と社員の成長を目指します。世界のお客様の目指すところに耳を傾け，課題を先取りし，実現のための課題を解決するための体制を築くべく，「世界のパートナーと共に社会課題を解決するイノベーティブカンパニーへ」を新中期経営計画のコンセプトとしています。そして技術開発力と社会実装力を両輪とし，お客様にトータルソリューションを提供することで，持続的な成長を目指すことを基本方針として取り組みます。具体的には，以下の5つの事業戦略と7つの経営基盤強化策を実行します。

3) 5つの事業戦略

① 重点事業の強化

ヘルスケア領域では，液体クロマトグラフ（LC），質量分析システム（MS）で，トータルソリューション提供を目指します。基幹製品の競争力を強化するとともに，お客様が行われる分析プロセス全体の自動化，AIの活用，インフォマティクスとの融合による効率化を追求し，求められるデータを提供する体制を構築します。

グリーン領域では，バイオモノづくり，水素の社会実装，代替エネルギー，CO_2利活用分野で高速分析を実現し，計測トータルソリューションの提供に貢献します。

マテリアル領域では，試験機等の計測機器の自動化とインフォマティクスを用いた複合計測・解析により革新素材開発・製造へ貢献します。

また，これらの領域では，お客様の要望をもとに製品開発に取り組み，開発

---

point 生産及び販売の状況

生産高よりも販売高の金額の方が大きい場合は，作った分よりも売れていることを意味するので，景気が良い，あるいは会社のビジネスがうまくいっていると言えるケースが多い。逆に販売額の方が小さい場合は製品が売れなく，在庫が増えて景気が悪くなっていると言える場合がある。

段階から標準化を指向していきます。産学官連携を通じて，特に海外市場においてお客様と協働して市場拡大を目指します。

　インダストリー領域では，半導体分野でターボ分子ポンプのトップシェアを維持し，油圧機器は電動化技術と組み合わせ，周辺機器を合せて生産プロセスの効率向上に貢献する新たな価値を提供します。

② 海外事業の強化

　健康長寿に向け，健康管理，検査，診断，治療，予後管理において，成分分析や画像解析技術等を用いたソリューションの提供をメドテック事業と位置づけます。メドテック事業では，AI, IoTによるX線画像解析技術のトランスフォーメーションと，メカトロニクス技術で医療への更なる貢献を目指します。質量分析システム，培地関連技術，微生物検査技術を強化し幅広い商品とサービスを臨床検査領域に提供していきます。分析技術の向上により超早期検査を実現し，病気の可能性がある場合にはX線技術を使って診断することを可能としていきます。これらを臨床プラットフォームとして，さらに試薬等の商品を拡大しトータルソリューションの提供を目指していきます。

③ 海外事業の拡大

　最重要地域として北米を中心に，世界各地で事業拡大を図ります。北米では，LC，MSの先進技術を有する重要顧客との共同研究・開発の推進を目的に北米R&Dセンターを開設します。さらに米国東西に開発センターを設置し，製薬分野等のお客様と協働してメソッド開発を行う機能を拡充します。またアプリケーション開発力，サービス対応力も強化して成長を図ります。

　その他の地域では，市場特性に応じて，拡大する事業に対応した最適なトータルサポートを提供できる体制を整備します。

④ リカーリングビジネスの強化，拡大

　保守部品・メンテナンスと，試薬・消耗品の両輪でビジネスを拡大します。DX，IoTを使ったリモートモニタリング機能や，ソフトウェアを定額で提供するサブスクリプションサービスで，顧客のメリットを訴求していきます。また，試薬，培地，カラムなどの消耗品ビジネスの拡大も目指します。グループ会社と連携し，試薬と消耗品の開発力を強化していきます。またサービス体制の強

対処すべき課題

　有報のなかで最も重要であり注目すべき項目。今，事業のなかで何かしら問題があればそれに対してどんな対策があるのか，上手くいっている部分をどう伸ばしていくのかなどの重要なヒントを得ることができる。また今後の成長に向けた技術開発の方向性や，新規事業の戦略についての理解を深めることができる。

化と，検査機関等とのパートナーシップにより社会実装を進めていきます。

⑤　新事業・将来事業の創出

　　臨床検査プラットフォームや自律型実験システム，がん治療支援，銅加工技術，感性計測システム等でオンリーワン技術，ナンバーワンソリューションをお客様と開発し新技術・新事業の創出を目指します。長期視点では，量子技術や光技術を用いた新たな計測，インフォマティクスとの融合による材料開発支援などで将来事業の創出に取り組みます。

4)　7つの経営基盤強化策

　事業戦略の実現を支える経営基盤の強化策として「ガバナンスの強化」，「開発スピード強化」，「国際標準化・規制対応力の強化」，「グローバル製造の拡大」，「DX推進」，「人財戦略：島津人の育成」，「攻めの財務戦略」の7つの施策を実施します。

　ガバナンス強化を経営における最重要課題と位置付け，「コンプライアンスは全てに優先する」を基本として，グループガバナンスの強化を進めます。グループマネジメント基本規定をベースに内部統制・リスクマネジメント・モニタリングを強化します。

　開発スピード強化では，アジャイル開発手法を導入するとともに，公的機関との連携を通して標準化・規制対応の強化も図っていきます。グローバル製造拡大によるBCM（事業継続管理）強靭化，DXによるプロセス改革の実施，そして全ての事業活動を支える人財の育成を強化します。また，戦略投資，成長投資計画を立て，攻めの財務戦略を展開していきます。

5)　環境経営と健康経営

　環境経営では，環境問題の解決を通じた事業活動と企業価値の拡大を目指して「気候変動対応」，「循環型社会の形成」，「地球環境保全に配慮した製品開発」，「生物多様性の保全」，「社員ひとり一人による環境保全活動の推進」の5項目に重点を置いて取り組みを進めます。

　健康経営の取り組みとして，業界を超えたアライアンスを組み，ヘルスケアデータを活用し，社員の生活習慣病由来の脳・心血管疾患や腎疾患，メンタル不調といった重症化の予測ができる疾病リスクの対処に取り組みます（健康経営アライアンス）。成功事例は，アライアンス外にも展開し，アカデミアや省庁とも連携

(point)　医療機器事業のグローバル展開を強化

　医療機器事業についても，主力のX線撮影装置をはじめ，全体として売上高増加となった。現在は売上高の過半数が国内向けであるが，今後は，米国および中国を中心としてグローバル展開を強化していく。また，マンモ専用PET装置を開発し，現在薬事法認可を申請しており，今後がんの早期発見分野等にも事業を展開していく。

しながら社会実装や海外展開を目指します。

　事業別の対処すべき課題として中長期で目指すこと，および中期経営計画の中で実施する主な取り組みテーマは，以下の通りです。

・計測機器事業

　ヘルスケア領域では，製薬やフードテック市場向けにLC，MSを主軸に，IT技術を活用してトータルソリューションを提供します。臨床市場では，臨床診断・微生物検査・細胞関連に注力して事業を展開します。また，北米を最注力地域としてR&Dセンター設立など事業拡大を図ります。

　グリーン（GX）領域では，バイオものづくり，水素の社会実装など，新たな産業創出へ貢献するために，新たな規制を含めた分析方法の標準化をグローバルで進めていきます。

・医用機器事業

　当社が強みとするイメージング技術（画像処理，画像転送，画像認識技術）とメカトロニクス技術を活用し，X線撮影による医療への更なる貢献を目指す「イメージングトランスフォーメーション」を展開します。また，地域特性に対応したシニアヘルスケア事業の拡大，アフターマーケット事業を推進し，収益基盤の拡大を目指します。

・産業機器事業

　半導体製造分野では主力のターボ分子ポンプに加え，モニタリング技術を展開し業容拡大を目指します。xEV分野，エネルギー分野では関連部品の製造，高精度測定・検査の効率化に貢献する製品を提供します。また，高品質・高付加価値サービスの持続的提供により顧客満足度を向上させサービス事業を拡大します。油圧機器分野ではコア製品の収益力向上と電動化に対応して事業を強化します。

・航空機器事業

　前中期経営計画からの「選択と集中」の基本方針のもと，収益改善の取り組みを継続することで，長期に安定した成長・収益が確保できる事業を目指します。また，保有技術を活かし，主にモビリティと社会インフラ分野で新たな事業を創出し，「安心・安全な社会の実現に貢献する事業」となることを目指します。

(point) **過去の不祥事から復活を図る航空機器事業**

　防衛省から受注に対して作業原価を過大に報告し，過大な金額を請求していたことが発覚し，平成26年3月まで指名停止を受けていた。今後はコンプライアンスの徹底に取り組むと同時に，成長が期待される民間航空事業に注力するために米国に新工場を建設する。引き続きボーイング等の機体メーカーへの営業にも力を入れていく。

(3)　経営上の目標の達成状況を判断するための客観的な指標等 ·················

　当社グループは，3ヵ年の中期経営計画において，連結売上高5,500億円以上，営業利益800億円以上，営業利益率14.5%以上，株主利益重視の観点から自己資本利益率12.5%以上を，最終年度である2026年3月期の目標数値としています。

2　事業等のリスク

　当社グループでは，リスクマネジメントの最高責任者である社長の下，審議機関として半期ごとに「リスク・倫理会議」を開催し，当社が優先して対策を講じるべきリスクやコンプライアンスに関わるリスクに対する取組について報告し必要事項を決定しています。

　有価証券報告書に記載した事業の状況，経理の状況等に関する事項のうち，経営者が連結会社の財政状態，経営成績及びキャッシュ・フローの状況に重要な影響を与える可能性があると認識している主要なリスクは，以下のとおりです。

　なお，文中における将来に関する事項は，当連結会計年度末現在において当社グループが判断したものです。

(1)　国内外の市場の動向 ···

　当社グループは，当社（日本）と世界各地の子会社が密接に連携し，各地域の市場規模や産業構造に応じて販売戦略を策定・実行しています。しかしながら，日本を含む世界各国の政策や景気動向，設備投資動向などにおいて，戦略策定時には予期できなかった変化が当社グループの業績および財政状態に影響を及ぼす可能性があります。また，戦争やテロ行為，疫病の蔓延等がもたらすサプライチェーンの混乱や資源価格の高騰は世界各国の経済活動を停滞させ，当社グループの業績および財政状態に影響を及ぼす可能性があります。

(2)　海外での事業活動 ···

　当社グループは，事業戦略の一環として海外市場における事業の拡大を図っており，これを通じて，売上高の増加，コストの削減および収益性の向上を目指しています。海外での事業活動を支える経営基盤を強化し，適正かつ効率的な運営を実現するため，「島津グループマネジメント基本規定」を制定して必要な統制，

(point) 安定した収益基盤の獲得に向けアフターマーケット事業を拡充

　　長期的かつ安定した収益源を確保してくため，アフターマーケット事業(保守，メンテナンスなど製品販売後に行うサービス) を強化することを目標として掲げている。
　　そのための体制整備を行い，さらなる事業拡大，顧客の信頼向上を狙う。

管理を行っています。さらに各地域の主要な子会社に域内のガバナンスを統括する機能を持たせ，各地域におけるリスクの把握と適切な対応に努めています。最近の国際情勢変化に対しては，社内外のリソースを活用して情勢をモニタリングし，グループ内で情報を共有・周知し，変化に対応しています。しかしながら，海外での事業活動には，予期できない法律や規制および政策の変更，産業基盤の脆弱性，国家間の貿易制限措置および報復措置，テロ，戦争その他の要因による社会的または政治的混乱といったリスクがあるため，当社グループの業績および財政状態に影響を及ぼす可能性があります。

（3） 製品品質

当社グループは，ISO規格の認証を受けた品質システムを構築し，「品質保証基本方針」を定め，開発・製造・販売・サービスなど製品ライフサイクルの各段階での絶え間ない改善を通して，優れた品質で顧客にとって最大の価値を生み出す製品・サービスを提供するように努めています。また，顧客の満足を得る上で，基本的かつ重要である製品安全性のさらなる向上を目指した「製品安全基本方針」により，グループ一丸となって顧客の安全と信頼を最優先に行動することを宣言しています。しかしながら，想定が難しい多様な環境下での製品使用による品質トラブルや製品安全への懸念などが発生する場合には，当社グループの信頼性やブランド力の低下にも繋がり，当社グループの業績および財政状態に影響を及ぼす可能性があります。

（4） 新製品開発力

当社グループの事業は，専門性が高く，高度な技術力を必要とします。そのため，新製品・新技術の研究開発には多額の投資を行っていますが，商品化遅れや，市場ニーズを満たす新製品を開発できない場合には，競合力の低下や市場トレンドに沿ったビジネスの取り込みが進まないことにより，将来の事業成長と収益性が低下し，当社グループの業績および財政状態に影響を及ぼす可能性があります。

（5） 購買調達

当社グループは，品質および環境面で当社グループの要求を満たす原材料やサービスを安定的に入手するため，信頼のおける調達先を選定しています。また，重要な原材料等について一定の在庫を確保するとともに，代替調達先の選定，特

定調達先に依存しないよう自社における生産能力獲得等を実施しています。しかしながら，自然災害や疫病，事故，調達先の倒産などにより，原材料等が不足または供給量が制限され当社グループの生産活動に影響を及ぼす場合があります。また，長期にわたる原材料等の供給悪化や，急激に調達価格が高騰する場合には，機会損失の発生や製品の価格競争力の低下，利益率の悪化等により，当社グループの業績および財政状態に影響を及ぼす可能性があります。

(6) 人材確保

　当社グループの事業成長に必要な人材は，研究開発に従事する人材をはじめ，製造業各社にとっても必要な人材候補と重なるため，採用活動においては企業間の獲得競争になることがあります。特に当社の研究開発部門の多くが所在する日本では，今後，少子高齢化，労働人口の減少を背景に，社内需要を充足出来なくなるリスクがあります。また，当社における人材定着率は比較的安定していますが，日本の労働市場における人材流動化が一層進展した場合，社員の離職が増加するリスクがあります。多様な採用活動を通じて，グローバル人材，博士等の専門人材，即戦力人材の採用に力を入れるとともに，人材流出を防ぐための魅力的な処遇への改善や柔軟な勤務制度の整備，自律的なキャリア形成を支援する社内公募制の実施，人材再配置や活用のためのグローバルタレントマネジメント強化を通じて，事業への影響を低減させるべく取り組んでいますが，有能な人材の確保が出来ない場合や，人材流出を防止出来ない場合には，当社グループの業績および財政状態に影響を及ぼす可能性があります。

(7) 法令・規制

　当社グループは，グローバルに様々な事業を展開しているため，安全保障貿易管理，贈収賄防止，独占禁止法令など，国内外の各種法令，行政による許認可および規制の適用を受けており，その遵守に努めています。また，当社グループでは，法令の遵守のみならず，社是・経営理念・島津グループサステナビリティ憲章のもと，役員および従業員が共有・遵守すべき倫理規範を「島津グループ企業倫理規定」として定めています。集合研修やEラーニングなどの教育活動により，

(point) **事業等のリスク**

「対処すべき課題」の次に重要な項目。新規参入により長期的に価格競争が激しくなり企業の体力が奪われるようなことがあるため，その事業がどの程度参入障壁が高く安定したビジネスなのかなど考えるきっかけになる。また，規制や法律，訴訟なども企業によっては大きな問題になる可能性があるため，注意深く読む必要がある。

当該規定の内容を啓発・浸透させることでコンプライアンス上の問題発生の予防に取り組むとともに，上記法令等への対応状況を適時にモニタリングすること，相談・通報窓口を社内外に設置し，問題発生時の報告体制を整備することなどにより，当社グループにおけるコンプライアンスの実効性を担保しています。しかしながら，法令・規制に対する理解が不十分，または予期せぬ変更への対応が適切でない場合等には，コンプライアンス違反と判定され，過料，課徴金等による損失や営業停止等の行政処分，または信用の低下などにより，当社グループの業績および財政状態に影響を及ぼす可能性があります。

(8) 知的財産権

当社グループは，現在の事業活動および将来の事業展開に有用な知的財産権を取得できるよう，研究所，事業部，知的財産部が一体となり知的財産創出活動を行っています。一方，他社知的財産権の調査・検討体制を整備し，問題発生を未然に防止するよう努めています。また，技術者を対象とした知的財産研修会を定期的に開催することにより，技術者の知的財産に対するスキルの底上げを図っています。しかしながら，権利範囲の解釈によっては他社との間に知的財産紛争が生じる場合があり，当社グループの業績および財政状態に影響を及ぼす可能性があります。

(9) 環境規制・気候変動への対応

当社グループは，気候変動，水質汚濁，大気汚染，騒音，土壌汚染，廃棄物，使用する有害化学物質などにおいて，国内外の様々な環境法令および規制等の適用を受けており，その遵守に努めています。さらに，ISO14001の国際規格に基づいた環境マネジメントシステムを構築し，第三者認証を受けています。「TCFD：Task Force on Climate - related Financial Disclosures（気候関連財務情報開示タスクフォース）」提言に賛同し，気候変動対策を含めた環境情報の適切な開示を行うとともに，環境課題の解決に向けてリスクや機会を踏まえながら適切に取り組んでいます。しかし，将来，環境規制への適応が極めて困難な事象や不測の事態が発生する場合には，環境対応に関する費用の増加や事業活動の停止など，当

(point) 海外売上高比率50%以上を目指す

欧米での事業展開も継続して行っている一方で，新興国についても市場の成長を見込み，事業基盤の構築を行っていく。地元のニーズを取り組むために上海の開発センターでの稼働を本格化する他，低価格化を実現した新製品を投入していく。これらにより，平成29年3月期までに海外売上高比率50%以上の達成を目指す（現在は46.5%）。

社グループの業績および財政状態に影響を及ぼす可能性があります。

（10） 情報セキュリティ ……………………………………………………

　当社グループは，事業活動における重要情報や顧客から入手した個人情報などの機密情報を保有しています。当社グループでは，IT資産の盗難・紛失などを通じた情報漏洩や，サイバー攻撃による改ざん・流出・システム停止等の被害を防ぐため情報セキュリティ推進体制を構築し，「情報セキュリティポリシー：セキュリティ基本方針」を定め，外部からの不正侵入防止，データの暗号化，社外向けWEBサイトの情報漏洩・改ざん防止などのセキュリティ対策を実施しています。また，ネットワークやIT資産に対するセキュリティ対策はもとより，従業員への定期的な情報セキュリティ教育も実施しています。しかしながら，想定を超えるサイバー攻撃や，予期せぬ不正利用などにより，重要情報や個人情報の漏洩や事業活動停止などの被害が発生する場合には，当社グループの業績および財政状態に影響を及ぼす可能性があります。

（11） 自然災害等 ……………………………………………………………

　当社グループは，大規模地震を始めとする災害や新型インフルエンザ等の感染症の発生等を想定し，必要とされる安全対策の実施，早期復旧のための事業継続計画（BCP）の策定，安否確認システムの導入，防災訓練等の対策を講じています。また，新型コロナウイルス感染症への対応を通じて，感染症の感染拡大防止のための様々な知見を獲得しました。しかしながら，当社グループの事業活動はグローバルに展開されていることから，新たな感染症の流行，自然災害等が発生する場合のリスクを全て回避・管理することは困難であり，想定外の規模の被害が発生する場合には，当社グループの業績および財政状態に影響を及ぼす可能性があります。

（12） 為替変動の影響 ………………………………………………………

　当社グループは，グローバルに事業を展開しているため，外国通貨建て取引にかかる事業活動は為替変動によるリスクに晒されています。為替変動リスクは，

(point) 財政状態，経営成績及びキャッシュ・フローの状況の分析

　「事業等の概要」の内容などをこの項目で詳しく説明している場合があるため，この項目も非常に重要。自社が事業を行っている市場は今後も成長するのか，それは世界のどの地域なのか，今社会の流れはどうなっていて，それに対して売上を伸ばすために何をしているのか，収益を左右する費用はなにか，などとても有益な情報が多い。

現地生産体制や，為替予約等により，最小限に抑える努力をしていますが，影響を完全に排除することは困難です。また，連結財務諸表の作成においては，各地域の現地通貨建ての項目を円換算しているため，換算時の為替レートにより，換算後の価値が変動します。通常，他の通貨に対する円高は当社グループの事業に悪影響となり，過度な為替相場の変動は，当社グループの業績および財政状態に影響を及ぼす可能性があります。

(13)　国際税務

　当社グループは，グローバルに事業を展開しており，グループ内でも相互に取引を行っていることから，移転価格税制等の国際税務リスクが伴います。各国の税法に準拠した適正な納税を行っており，国際税務リスクについて細心の注意を払っていますが，各国の税制の変化や税務当局との見解の相違等により，予期せぬ税負担が発生し，当社グループの業績および財政状態に影響を及ぼす可能性があります。

3　経営者による財政状態，経営成績及びキャッシュ・フローの状況の分析

(1)　経営成績等の状況の概要

　当連結会計年度における当社グループの財政状態，経営成績及びキャッシュ・フローの状況の概要はつぎのとおりです。

①　経営成績の状況

　当連結会計年度の経営成績は，売上高4,822億4千万円（前年度比12.6％増），営業利益682億1千9百万円（同6.9％増），経常利益708億8千2百万円（同8.1％増），親会社株主に帰属する当期純利益520億4千8百万円（同10.1％増）となりました。

　セグメントごとの経営成績はつぎのとおりです。

・**計測機器事業**

　売上高3,146億6千8百万円（前年度比13.4％増），営業利益576億1千5百万円（同8.8％増）となりました。

・**医用機器事業**

売上高758億7千6百万円（前年度比13.4％増），営業利益55億3千8百万円（同8.9％減）となりました。

・**産業機器事業**

売上高629億8千2百万円（前年度比11.0％増），営業利益54億2千2百万円（同9.3％減）となりました。

・**航空機器事業**

売上高239億8千5百万円（前年度比7.6％増），営業利益13億8千9百万円（同1,070.9％増）となりました。

・**その他の事業**

売上高47億2千6百万円（前年度比0.0％減），営業利益5億9千7百万円（同52.4％減）となりました。

② **キャッシュ・フローの状況** ･･･

当連結会計年度末の現金及び現金同等物は，前連結会計年度末に比べ15億8千4百万円減少し，1,537億3千4百万円となりました。

当連結会計年度における各キャッシュ・フローの状況はつぎのとおりです。

・**営業活動によるキャッシュ・フロー**

営業活動によるキャッシュ・フローは，483億3百万円の収入となり，前連結会計年度に比べ150億6千4百万円減少しました。その主なものは，棚卸資産の増減による減少109億3千8百万円，法人税等の支払額の増加50億7千8百万円です。

・**投資活動によるキャッシュ・フロー**

投資活動によるキャッシュ・フローは，前連結会計年度に比べ284億6千4百万円支出が増加し，345億9百万円の支出となりました。その主なものは，設備投資による支出168億3千8百万円，子会社株式の取得による支出139億9千6百万円です。

・**財務活動によるキャッシュ・フロー**

財務活動によるキャッシュ・フローは，前連結会計年度に比べ37億6千万円支出が増加し，194億1千8百万円の支出となりました。その主なものは，配当

(point) **指名停止処分中も航空機器の売上げは増加**

セグメント利益率では，計測機器は大きく伸びている。航空機器は，防衛省からの指名停止期間であったものの，ボーイング社向けが好調であったことなどにより売上高が増加している。防衛省からの指名停止は平成25年度末に解除したが，指名停止期間に受注がなかったことやこれから顧客からの信頼を回復する必要があることなどか

金の支払額147億4千5百万円，リース債務の返済による支出45億2千8百万円です。

③ 生産，受注及び販売の実績 ………………………………………………

イ．生産実績 …………………………………………………………………

当連結会計年度における生産実績をセグメントごとに示すと，つぎのとおりです。

セグメントの名称	金額(百万円)	前期比(%)
計測機器	324,786	15.0
医用機器	77,888	17.2
産業機器	65,271	15.5
航空機器	23,161	7.5
その他	4,699	△1.4
合計	495,807	14.8

(注) 金額は，販売価格によっています。

ロ．受注実績 …………………………………………………………………

当連結会計年度における受注実績をセグメントごとに示すと，つぎのとおりです。

セグメントの名称	受注高(百万円)	前期比(%)	受注残高(百万円)	前期比(%)
計測機器	344,695	17.5	114,906	35.4
医用機器	76,038	4.6	22,812	0.7
産業機器	67,896	12.9	18,175	37.1
航空機器	40,647	59.8	49,008	51.5
その他	5,704	52.9	2,851	52.2
合計	534,981	17.5	207,754	34.0

ら，翌年度以降の売上高は減少する可能性もあるといえる。島津製作所としては，ボーイング社等からの受注に力を入れていきたい構えである。

ハ. 販売実績

当連結会計年度における販売実績をセグメントごとに示すと，つぎのとおりです。

セグメントの名称	金額(百万円)	前期比(%)
計測機器	314,668	13.4
医用機器	75,876	13.4
産業機器	62,982	11.0
航空機器	23,985	7.6
その他	4,726	△0.0
合計	482,240	12.6

(2) 経営者の視点による経営成績等の状況に関する分析・検討内容

経営者の視点による当社グループの経営成績等の状況に関する認識及び分析・検討内容はつぎのとおりです。

なお，文中の将来に関する事項は，当連結会計年度末現在において判断したものです。

① 財政状態及び経営成績の状況に関する認識及び分析・検討内容

イ. 財政状態

当連結会計年度末は，前連結会計年度末に比べ棚卸資産が214億4千7百万円，受取手形，売掛金及び契約資産が93億1千1百万円，有形固定資産が85億6千2百万円増加したことなどにより，総資産は583億4千1百万円増加し，6,188億6千9百万円となりました。純資産は，利益剰余金が373億7百万円増加したことなどにより，423億3千5百万円増加し，4,234億9千9百万円となりました。

ロ. 経営成績

当連結会計年度における世界経済は，新型コロナウイルス感染症対策と社会経済活動の両立が進み，サプライチェーンの混乱が徐々に収束の兆しを見せるものの，インフレ抑制に向けた各国の金融引き締めによる景気下振れリスクの拡大，ロシア・ウクライナ情勢の長期化等，依然不透明な状況が継続しています。

このような経営環境のもと，当社は，「世界のパートナーと社会課題の解決に取り組む企業」を目指す中期経営計画に取り組みました。感染症対策プロジェク

(point) 過去の不祥事で特別損失を計上

防衛省からの受注案件に対し，工数水増しにより不正に過大請求していたことが発覚したために，違約金や過払い額の返金等合わせて216億円を支払った。この金額を特別損失に計上している。指名停止は解除されたものの，再発防止策として，今後は作業報告の新システムの導入や内部監査体制の強化等により対処していく。

トでは，新型コロナウイルス検出試薬キットや全自動PCR検査装置を迅速に提供しました。加えて，企業・大学・医療機関等と協力して感染症対策の仕組み作りにも注力する等，安心・安全な社会の実現に向けて継続的に取り組みを進めました。

4つの成長戦略として，重点事業，海外事業，リカーリング事業，成長4分野の強化・拡大を図りました。重点事業では液体クロマトグラフ，質量分析システムが医薬・食品安全等のヘルスケア分野向けを中心に増加しました。海外事業では，パートナーとともに課題解決を推進した結果，主要地域全てで増収となり，海外売上高比率は56.2％（前年度比3.2pt増）となりました。リカーリング事業では，保守・メンテナンス・サービス契約の拡大に加え，2022年10月より日水製薬株式会社（2023年4月から島津ダイアグノスティクスに商号変更）を連結子会社化したことで，リカーリング比率が向上しました。

成長4分野では，ヘルスケア，環境・エネルギー，マテリアル，インフラの各分野で事業拡大を推進しました。

新たな技術とイノベーションの創出に向けて，2023年1月「Shimadzu Tokyo Innovation Plaza」を開所し，アプリケーション開発機能強化を図りました。羽田空港から近い好立地を活かし，国内外の研究機関や顧客と共同研究やオープンイノベーションを通じて，新しい価値創出と社会課題の解決を目指すべく，研究開発体制を強化しました。

以上の結果，当連結会計年度の業績につきましては，部品・部材不足や価格高騰，中国の新型コロナウイルス感染拡大の影響を受けたものの，為替の円安進行による押し上げ効果もあり，売上高は4,822億4千万円（前年度比12.6％増）となり，営業利益は682億1千9百万円（同6.9％増），経常利益は708億8千2百万円（同8.1％増），親会社株主に帰属する当期純利益は520億4千8百万円（同10.1％増）となり，3期連続過去最高の業績を達成しました。

なお，2022年9月，当社は，当社の子会社である島津メディカルシステムズ株式会社において，取引先である医療機関に設置したX線撮影装置の保守点検業務に関する不適切行為が行われていたことが判明したことを公表し，2023年2月に外部調査委員会からの原因分析および再発防止策等の提言に基づき，速やか

に具体的な再発防止策を策定，実行することを公表いたしました。当社は，外部調査委員会からの提言を真摯に受け止め，リスクマネジメント推進，内部統制，モニタリングの強化等を図り，組織風土の変革を進め，グループ全体で再発防止に取り組みます。当社は，本件を深く反省し，今後このような事態を二度と起こさないよう「コンプライアンスはすべてに優先する」を基本とし，グループガバナンスを更に強化して，信頼の回復に努めてまいります。

　セグメントの経営成績は，つぎのとおりです。

・計測機器事業

　計測機器事業は，国内，海外ともに増収となりました。グローバルで創薬の研究や医薬品の自国生産が進んだこともあり，医薬を中心とするヘルスケア分野向けに，主力の液体クロマトグラフが増加しました。加えて北米の環境分野，欧州の臨床分野における規制対応の強化に伴い，質量分析システムが増加しました。また，日水製薬株式会社（2023年4月1日より島津ダイアグノスティクス株式会社へ商号変更）を連結子会社化したことも業績に貢献しました。

　なお，半導体等の部品・部材不足や，中国の新型コロナウイルス感染拡大の影響を受け，製品の生産・据付遅延が発生しましたが，2023年に入り解消の兆しが見られます。

　この結果，当事業の売上高は3,146億6千8百万円（前年度比13.4％増）となり，営業利益は売上の増加等により，576億1千5百万円（同8.8％増）となりました。

　なお，売上高についての各主要地域別の状況は下記のとおりです。

	前連結 会計年度 (百万円)	当連結 会計年度 (百万円)	増減率 (%)	概況
日本	113,631	121,137	6.6	ヘルスケア分野向けに質量分析システムや、グリーンイノベーション分野の需要増加に伴い、ガスクロマトグラフ等が増加。また、連結子会社化した島津ダイアグノスティクスの業績も貢献。
北米	29,465	33,292	13.0	一部大手顧客向け需要や新型コロナウイルス検出試薬キットが減少したものの、医薬向けに液体クロマトグラフや、飲料水に関する環境規制対応や臨床向けに質量分析システムが増加。
欧州	28,561	32,686	14.4	ロシア以外で、臨床分野で強化された規制強化対応向けに液体クロマトグラフや質量分析システムが増加。
中国	63,248	74,103	17.2	新型コロナウイルス感染拡大の影響を受けたものの、医薬向けに液体クロマトグラフが増加。加えて、下半期から政府補正予算によりアカデミア向け需要が増加。
その他のアジア	31,283	39,134	25.1	医薬品の自国生産強化等により、インドや東南アジアで液体クロマトグラフが増加。東南アジアでは官公庁向けにガスクロマトグラフ、韓国では食品安全向けに質量分析システムが増加。

・医用機器事業

　医用機器事業は，国内，海外ともに増収となりました。医療機関による設備投資の回復に伴い，業界最小かつ豊富な機能を搭載したＸ線ＴＶシステム，世界初のＡＩによる画像処理技術を搭載した血管撮影システムの新製品や，パワーアシスト機能搭載の一般撮影システム等のＸ線装置が貢献しました。

　この結果，当事業の売上高は758億7千6百万円（前年度比13.4％増）となりましたが，営業利益は部品・部材価格高騰の影響等により，55億3千8百万円（同8.9％減）となりました。

　なお，売上高についての各主要地域別の状況は下記のとおりです。

（point）設備投資等の概要

　セグメントごとの設備投資額を公開している。多くの企業にとって設備投資は競争力向上・維持のために必要不可欠だ。企業は売上の数％など一定の水準を設定して毎年設備への投資を行う。半導体などのテクノロジー関連企業は装置産業であり，技術発展のスピードが速いため，常に多額の設備投資を行う宿命にある。

	前連結会計年度 (百万円)	当連結会計年度 (百万円)	増減率 (%)	概況
日本	37,969	40,600	6.9	医療機関による設備投資の回復に伴い、X線TVシステム、血管撮影システムが増加。PET装置は、頭部と乳房に特化した世界初のTOF-PET装置「BresTome」が増加。
北米	8,495	10,714	26.1	米国市場向けに開発した近接操作型X線TVシステム、呼吸器疾患の診断に有効な一般撮影システムが増加。
欧州	3,481	4,258	22.3	東欧向けに一般撮影システムが増加。
中国	4,674	4,946	5.8	新型コロナウイルス感染拡大の影響を受けたものの、年後半では政府補正予算による病院の設備投資が増え、回診用X線撮影装置が増加。
その他のアジア	6,230	7,048	13.1	東南アジアでX線TVシステムと一般撮影システムが増加。加えて、インドで血管撮影システムが増加。

・産業機器事業

　産業機器事業は，国内，海外ともに増収となりました。ターボ分子ポンプが半導体製造装置向け，建材ガラス，薄膜太陽電池等の薄膜製造装置向けに増加しました。また，プラスチック強化材向けガラス繊維の需要拡大に伴い，ガラスワインダが増加しました。油圧機器は一部顧客による生産調整の影響があったものの，産業車両・建設機械分野の需要が堅調に推移しました。

　この結果，当事業の売上高は629億8千2百万円（前年度比11.0％増）となりましたが，営業利益は部品・部材価格高騰の影響等により，54億2千2百万円（同9.3％減）となりました。

　なお，売上高についての各主要地域別の状況は下記のとおりです。

	前連結会計年度 (百万円)	当連結会計年度 (百万円)	増減率 (%)	概況
日本	26,623	26,818	0.7	半導体製造装置向けターボ分子ポンプは増加。一方、前年大口案件の反動により工業炉が減少したことに加え、一部顧客の生産調整により油圧機器が減少。
北米	7,837	8,267	5.5	半導体需要の減少に伴い、半導体製造装置向けターボ分子ポンプが減少したものの、産業車両向けに、油圧機器が増加。
欧州	3,074	4,173	35.7	半導体製造装置向けにターボ分子ポンプが増加したことに加え、産業車両向けに油圧機器が増加。
中国	13,536	17,662	30.5	半導体および建材ガラス・薄膜太陽電池の各製造装置向けにターボ分子ポンプ需要が拡大。また、EVの放熱板向けに工業炉が増加。
その他のアジア	5,531	5,833	5.5	韓国や台湾で半導体製造装置向けターボ分子ポンプが増加。

(point) 主要な設備の状況

　「設備投資等の概要」では各セグメントの1年間の設備投資金額のみの掲載だが，ここではより詳細に，現在セグメント別，または各子会社が保有している土地，建物，機械装置の金額が合計でどれくらいなのか知ることができる。

・航空機器事業

航空機器事業は，国内では防衛分野向けが減少しました。一方，海外では各国の入国制限の撤廃や緩和による航空旅客需要増に伴い，民間航空機分野向けが増加しました。

この結果，当事業の売上高は239億8千5百万円（前年度比7.6％増）となり，営業利益は売上の増加や収益改善により，13億8千9百万円（同1,070.9％増）と2期ぶりに増加に転じ，黒字を確保しました。

なお，売上高についての各主要地域別の状況は下記のとおりです。

	前連結会計年度（百万円）	当連結会計年度（百万円）	増減率（％）	概況
日本	18,214	17,847	△2.0	防衛分野向け修理案件が減少。
北米	3,822	5,346	39.9	航空旅客需要増に伴い、民間航空機分野向けが増加。

・その他の事業

当事業の売上高は47億2千6百万円（前年度比0.0％減）となり，営業利益は5億9千7百万円（同52.4％減）となりました。

(注) セグメントの売上高には，セグメント間の内部売上高を含んでいません。

当社グループは，当連結会計年度を最終年度とする2020-2022中期経営修正計画において，最終年度の目標数値として，売上高4,700億円以上，営業利益680億円以上，営業利益率14.5％以上，自己資本利益率10.0％以上を設定し，取り組んできました。最終年度である当連結会計年度の結果は，売上高4,822億4千万円，営業利益682億1千9百万円，営業利益率14.1％，自己資本利益率12.9％となりました。

② キャッシュ・フローの状況の分析・検討内容並びに資本の財源及び資金の流動性に係る情報 ・・・

イ. キャッシュ・フローの状況

当連結会計年度のキャッシュ・フローの状況につきましては，「(1) 経営成績等の状況の概要 ② キャッシュ・フローの状況」に記載のとおりです。

(point) 設備の新設，除却等の計画

ここでは今後，会社がどの程度の設備投資を計画しているか知ることができる。毎期どれくらいの設備投資を行っているか確認すると，技術等での競争力維持に積極的な姿勢かどうか，どのセグメントを重要視しているか分かる。また景気が悪化したときは設備投資額を減らす傾向にある。

ロ.資金需要

　当社グループの資金需要のうち営業活動については，当社グループ製品製造のための材料や部品の購入のほか，製造費，販売費および一般管理費等の営業費用によるものです。営業費用の主なものは人件費および研究開発費です。

　投資活動については，生産能力の拡大・効率化，研究開発環境の整備，ITインフラの強化を目的とした設備投資・研究開発投資が主な内容です。今後，成長分野に対しては必要な設備投資・研究開発投資等を継続していく予定です。

ハ.財務政策

　当社グループは，売上債権および棚卸資産の圧縮等資金の効率を高め，内部資金を生み出すことにより，財務基盤の健全化を進めてきました。当連結会計年度末の借入金等の残高は，前連結会計年度末に比べ1億7千8百万円減少し，15億3千2百万円となりました。

　当社グループは，営業活動によりキャッシュを生み出す能力を持っていることなどから，当社グループの成長を維持するために将来必要となる運転資金および設備投資資金を創出・調達することが十分に可能であると考えています。

③　重要な会計上の見積り及び当該見積りに用いた仮定 ·························

　当社グループの連結財務諸表は，我が国において一般に公正妥当と認められている会計基準に基づき作成されています。この連結財務諸表の作成に当たって採用している重要な会計基準は「第5　経理の状況　1　連結財務諸表等　（1）連結財務諸表　注記事項　連結財務諸表作成のための基本となる重要な事項」に記載されているとおりです。

　連結財務諸表の作成において，損益または資産の状況に影響を与える見積り，判断は，過去の実績やその時点で入手可能な情報に基づいた合理的と考えられるさまざまな要因を考慮したうえで行っています。特に重要な見積りを伴う会計方針は「第5　経理の状況　1　連結財務諸表等　（1）連結財務諸表　注記事項　重要な会計上の見積り」に記載しています。

(point) **株式の総数等**

　発行可能株式総数とは，会社が発行することができる株式の総数のことを指す。役員会では，株主総会の了承を得ないで，必要に応じてその株数まで，株を発行することができる。敵対的TOBでは，経営陣が，自社をサポートしてくれる側に，新株を第三者割り当てで発行して，買収を防止することがある。

■ 設備の状況

　当社グループは，主に研究開発の充実および生産部門の効率化等のための設備や，機械装置等の更新のための投資を行っています。当連結会計年度の設備投資の内訳はつぎのとおりです。

当連結会計年度

計測機器	14,900百万円
医用機器	2,644
産業機器	3,602
航空機器	1,015
その他	350
合計	22,512

(注) 1. 無形固定資産を含んでいます。
　　　2. 複数の報告セグメントに係る設備投資については，適切な配賦基準によって各報告セグメントへ配分しています。

(1)　提出会社 ···

事業所名 (所在地)	セグメントの名称	設備の内容	帳簿価額(百万円)						従業員数 (人)
			建物及び構築物	機械装置及び運搬具	土地 (面積) (㎡)	リース資産	その他	合計	
本社、三条工場 (京都市中京区)	全セグメント	生産設備 研究設備 その他設備	22,783	1,035	1,491 (193,080)	374	5,747	31,432	2,545
基盤技術研究所 (京都府相楽郡精華町)	全セグメント	その他設備	7,883	124	1,780 (27,480)	14	1,112	10,915	134
秦野工場 (神奈川県秦野市)	産業機器	生産設備 研究設備	1,723	3	7,696 (74,986)	2	101	9,528	10
瀬田事業所 (滋賀県大津市)	産業機器	生産設備 研究設備	3,138	59	2,293 (36,469)	8	86	5,588	20
東京支社 (東京都千代田区)	全セグメント	その他設備	1,421	–	1,367 (1,624)	302	29	3,120	305
賃貸設備 (注)4 (島根県出雲市)	医用機器	生産設備	2,169	20	711 (68,061)	–	20	2,922	–
Shimadzu Tokyo Innovation Plaza (神奈川県川崎市)	計測機器	研究設備 その他設備	1,165	14	– (–)	11	833	2,025	80
厚木工場 (神奈川県厚木市)	計測機器	生産設備 研究設備	195	0	516 (8,705)	1	134	849	16
紫野工場 (京都市北区)	計測機器	生産設備	514	19	2,327 (12,485)	5	45	587	58

(注) 1. 帳簿価額のうち「その他」は，工具，器具及び備品です。
　　　2. 帳簿価額には無形固定資産を含んでいません。

(point) 連結財務諸表等

　ここでは主に財務諸表の作成方法についての説明が書かれている。企業は大蔵省が定めた規則に従って財務諸表を作るよう義務付けられている。また金融商品法に従い，作成した財務諸表がどの監査法人によって監査を受けているかも明記されている。

3. 現在休止中の主要な設備はありません。

4. 連結子会社である島根島津 (株) に貸与しています。

5. 主要な賃借している設備として，以下のものがあります。

事業所名 (所在地)	設備の内容	年間賃借料(百万円)
Shimadzu Tokyo Innovation Plaza (神奈川県川崎市)	研究設備 その他設備	710
Shimadzu Logistics Center Kyoto (京都府向日市)	物流倉庫	372

(2) 国内子会社 ··

会社名	事業所名 (所在地)	セグメント の名称	設備の 内容	帳簿価額(百万円)						従業 員数 (人)
				建物 及び 構築物	機械装 置及び 運搬具	土地 (面積) (㎡)	リース 資産	その他	合計	
島津プレシジョンテクノロジー(株)	三条事業所 (京都市中京区)	産業機器	生産設備	115	1,750	− (−)	9	96	1,972	129
島津プレシジョンテクノロジー(株)	本社工場 (滋賀県大津市)	産業機器	生産設備	59	1,411	− (−)	2	58	1,532	210
日水製薬(株)	新工場建設予定地 (茨城県猿島郡五 霞町)	計測機器	工場用地	−	−	1,280 (26,446)	−	−	1,280	−
(株)島津テクノリサーチ	本社 (京都市中京区)	計測機器	分析設備	134	3	− (−)	21	829	989	198
日水製薬(株)	診断薬工場 (茨城県結城市)	計測機器	生産設備	153	190	471 (44,724)	−	4	819	43

(注) 1. 帳簿価額のうち「その他」は，工具，器具及び備品です。

2. 帳簿価額には無形固定資産を含んでいません。

3. 現在休止中の主要な設備はありません。

(point) **連結財務諸表**

　　ここでは貸借対照表(またはバランスシート，BS)，損益計算書(PL)，キャッシュフ
ロー計算書の詳細を調べることができる。あまり会計に詳しくない場合は，最低限，
損益計算書の売上と営業利益を見ておけばよい。可能ならば，その数字が過去5年，
10年の間にどのように変化しているか調べると会社への理解が深まるだろう。

(3) 在外子会社 ··

会社名	事業所名 (所在地)	セグメント の名称	設備の 内容	帳簿価額(百万円)					従業 員数 (人)
				建物 及び 構築物	機械装置 及び 運搬具	土地 (面積) (㎡)	その他	合計	
シマヅ サイエンティフィック インスツルメンツ インク	本社 (アメリカ メリーランド州)	計測機器	その他 設備	1,732	–	348 (53,257)	1,170	3,251	270
天津島津液圧有限公司	本社工場 (中国 天津市)	産業機器	生産設備	1,406	671	– (–)	358	2,436	143
島津企業管理(中国)有限公司	上海事務所 (中国 上海市)	計測機器 医用機器 産業機器	その他 設備	–	–	– (–)	1,998	1,998	437
シマヅ プレシジョン インスツルメンツ インク	本社工場 (アメリカ カリフォルニア 州)	航空機器	生産設備	961	84	512 (5,460)	4	1,563	39
シマヅ マニュファクチュアリング エイシア エスディーエヌ ビーエイチディー	本社工場 (マレーシア ヌゲリスンビラン 州)	計測機器	生産設備	755	45	662 (46,753)	4	1,466	123
島津企業管理(中国)有限公司	北京事務所 (中国 北京市)	計測機器 医用機器 産業機器	その他 設備	–	–	– (–)	1,203	1,203	387
シマヅ(エイシア パシフィック) プライベイト リミテッド	本社 (シンガポール)	計測機器 医用機器	その他 設備	13	–	– (–)	1,084	1,097	179
シマヅ ユーエスエー マニュファクチュアリング インク	本社工場 (アメリカ オレゴン州)	計測機器	生産設備	557	271	180 (60,702)	83	1,092	174

(注) 1. 帳簿価額のうち「その他」は，工具，器具及び備品，使用権資産です。

2. 帳簿価額には無形固定資産を含んでいません。

3. 現在休止中の主要な設備はありません。

3 設備の新設，除却等の計画

　当社グループは，多種多様な事業を国内外で行っており，当連結会計年度末時点では重要なプロジェクトを除き，その設備の新設・拡充の計画を個々のプロジェクトごとに決定していません。そのため，セグメントごとの数値を開示し，重要なプロジェクトについては注記する方法によっています。

　当連結会計年度後の１年間の設備投資計画は250億円であり，セグメントでの内訳はつぎのとおりです。

セグメントの名称	2023年3月末計画金額 (百万円)	必要性	資金調達方法
計測機器	19,000	コスト低減、生産能力増強等	自己資金
医用機器	3,000	同上	同上
産業機器	2,000	同上	同上
航空機器	1,000	同上	同上
合計	25,000	－	－

(注) 1. 無形固定資産を含んでいます。
   2. 経常的な設備の更新のための除却を除き、重要な設備の除却の計画はありません。

提出会社の状況

1 株式等の状況

（1） 株式の総数等 ···

① 株式の総数

種類	発行可能株式総数(株)
普通株式	800,000,000
計	800,000,000

② 発行済株式

種類	事業年度末現在 発行数(株) (2023年3月31日)	提出日現在 発行数(株) (2023年6月29日)	上場金融商品取引所名 又は登録認可金融 商品取引業協会名	内容
普通株式	296,070,227	296,070,227	東京証券取引所 プライム市場	単元株式数は100株です。
計	296,070,227	296,070,227	－	－

(point) 営業利益率10%を目標に売上増とコスト削減を目指す

営業利益率（＝営業利益÷売上高）が前年度4.6％から当年度7.8％と大きく改善している。これは、売上高構成で最も大きい割合を占める計測機器の売上高及び採算が増加（又は改善）した影響が大きい。島津製作所は平成29年3月期までに、営業利益率10％を達成することを目標に掲げており、さらなる売上高の増加、コスト削減を目指す。

■ 経理の状況

1　連結財務諸表および財務諸表の作成方法について ・・・・・・・・・・・・・・・・・・・・・・

（1）　当社の連結財務諸表は，「連結財務諸表の用語，様式及び作成方法に関する規則」(昭和51年大蔵省令第28号)に基づいて作成しています。

（2）　当社の財務諸表は，「財務諸表等の用語，様式及び作成方法に関する規則」(昭和38年大蔵省令第59号。以下「財務諸表等規則」という。)に基づいて作成しています。また，当社は，特例財務諸表提出会社に該当し，財務諸表等規則第127条の規定により財務諸表を作成しています。

2　監査証明について ・・・

　当社は，金融商品取引法第193条の2第1項の規定に基づき，連結会計年度（2022年4月1日から2023年3月31日まで）の連結財務諸表および事業年度（2022年4月1日から2023年3月31日まで）の財務諸表について，有限責任監査法人トーマツによる監査を受けています。

3　連結財務諸表等の適正性を確保するための特段の取組みについて ・・・・・・・・・・・・

　当社は，連結財務諸表等の適正性を確保するための特段の取組みを行っています。具体的には，会計基準等の内容を適切に把握できる体制を整備するため，公益財団法人財務会計基準機構へ加入しています。また，会計基準設定主体等の行う研修に参加しています。

1 連結財務諸表等

（1） 連結財務諸表 ⋯⋯⋯⋯⋯⋯⋯⋯⋯⋯⋯⋯⋯⋯⋯

① 連結貸借対照表

（単位：百万円）

	前連結会計年度 （2022年3月31日）	当連結会計年度 （2023年3月31日）
資産の部		
流動資産		
現金及び預金	157,966	158,847
受取手形、売掛金及び契約資産	※1 121,931	※1 131,242
有価証券	-	425
商品及び製品	61,386	72,332
仕掛品	20,777	26,505
原材料及び貯蔵品	24,484	29,257
その他	9,984	15,115
貸倒引当金	△2,167	△2,217
流動資産合計	394,363	431,509
固定資産		
有形固定資産		
建物及び構築物（純額）	52,902	54,954
機械装置及び運搬具（純額）	7,261	8,823
土地	19,053	22,040
リース資産（純額）	1,910	2,108
建設仮勘定	992	2,124
その他（純額）	22,310	22,942
有形固定資産合計	※2,※3 104,430	※2,※3 112,992
無形固定資産		
のれん	2,283	4,947
その他	8,868	12,015
無形固定資産合計	11,151	16,963
投資その他の資産		
投資有価証券	※4 13,496	※4 15,145
長期貸付金	156	174
退職給付に係る資産	20,665	21,818
繰延税金資産	12,606	15,692
その他	4,003	4,941
貸倒引当金	△345	△368
投資その他の資産合計	50,583	57,403
固定資産合計	166,164	187,360
資産合計	560,528	618,869

(point) 賃貸用不動産売却で得た資金を主要事業に

当年度の固定資産売却益8,735百万円のうち、8,700百万円は京都の賃貸用不動産（土地、建物）を売却したことによるものである。近年ではかなり大口の売却となった。賃貸用不動産を売却して得た資金を主要な事業に回そうという意図がある。

	前連結会計年度 （2022年3月31日）	当連結会計年度 （2023年3月31日）
負債の部		
流動負債		
支払手形及び買掛金	66,538	66,713
短期借入金	1,504	1,400
リース債務	3,458	3,237
未払金	13,760	15,928
未払法人税等	10,944	10,320
契約負債	40,347	50,158
賞与引当金	11,657	13,627
役員賞与引当金	355	366
株式給付引当金	38	115
受注損失引当金	10	－
その他	10,126	10,519
流動負債合計	158,743	172,387
固定負債		
長期借入金	205	132
リース債務	6,422	6,499
役員退職慰労引当金	144	141
退職給付に係る負債	12,994	14,222
株式給付引当金	92	－
その他	759	1,986
固定負債合計	20,620	22,982
負債合計	179,363	195,370
純資産の部		
株主資本		
資本金	26,648	26,648
資本剰余金	34,910	34,910
利益剰余金	298,758	336,066
自己株式	△1,244	△1,210
株主資本合計	359,073	396,415
その他の包括利益累計額		
その他有価証券評価差額金	6,471	5,829
為替換算調整勘定	10,093	15,656
退職給付に係る調整累計額	5,525	5,597
その他の包括利益累計額合計	22,090	27,084
純資産合計	381,164	423,499
負債純資産合計	560,528	618,869

② 連結損益計算書及び連結包括利益計算書

連結損益計算書

(単位：百万円)

	前連結会計年度 （自　2021年4月1日 至　2022年3月31日）	当連結会計年度 （自　2022年4月1日 至　2023年3月31日）
売上高	※1　428,175	※1　482,240
売上原価	249,559	281,280
売上総利益	178,615	200,959
販売費及び一般管理費	※2,※3　114,809	※2,※3　132,739
営業利益	63,806	68,219
営業外収益		
受取利息	287	562
受取配当金	228	242
受取保険金	261	260
助成金収入	1,058	506
為替差益	1,139	1,295
その他	689	773
営業外収益合計	3,665	3,640
営業外費用		
支払利息	188	281
寄付金	※4　1,063	96
その他	642	600
営業外費用合計	1,894	978
経常利益	65,577	70,882
特別利益		
受取保険金	-	※6　901
投資有価証券売却益	146	103
固定資産売却益	※7　170	※7　79
投資有価証券譲渡益	※4　812	-
投資有価証券清算益	2	-
特別利益合計	1,133	1,083
特別損失		
事業整理損	-	※8　613
特別調査費用等	-	※9　351
固定資産処分損	※10　200	※10　166
投資有価証券評価損	13	2
火災損失	※5　549	-
特別損失合計	763	1,133
税金等調整前当期純利益	65,947	70,832
法人税、住民税及び事業税	19,438	21,466
法人税等調整額	△780	△2,682
法人税等合計	18,657	18,783
当期純利益	47,289	52,048
親会社株主に帰属する当期純利益	47,289	52,048

(point) **売上債権回収遅れで営業活動キャッシュ・フローが悪化**

　営業利益が増加している一方で，営業活動によるキャッシュ・フローは前年度よりも減少している。売上高は増加しているものの売上債権の回収金額（現預金として実際に入金される金額）が減少していることが主な理由である。当年度の大口取引先の売上債権回収期限が遅かったことや，一部売上債権の回収が滞った可能性がある。

連結包括利益計算書

（単位：百万円）

	前連結会計年度 （自 2021年4月1日 至 2022年3月31日）	当連結会計年度 （自 2022年4月1日 至 2023年3月31日）
当期純利益	47,289	52,048
その他の包括利益		
その他有価証券評価差額金	△107	△641
為替換算調整勘定	9,975	5,563
退職給付に係る調整額	△14	71
その他の包括利益合計	※9,853	※4,993
包括利益	57,142	57,041
（内訳）		
親会社株主に係る包括利益	57,142	57,041
非支配株主に係る包括利益	－	－

(point) 積極的に海外への設備投資を実施

　当年度は，欧州には分析計測機器の新ショールーム兼ラボ（2013年4月）を，米国には分析計測機器等が取り扱うアプリケーションシステムを揃えたソリューションセンター（2013年12月）をオープンした。今後は，中国にMSセンターを設立する計画であり，より海外のニーズを取り組んだ製品展開を試みる。

③ 連結株主資本等変動計算書

前連結会計年度（自 2021年4月1日 至 2022年3月31日）

（単位：百万円）

	株主資本				
	資本金	資本剰余金	利益剰余金	自己株式	株主資本合計
当期首残高	26,648	34,910	262,966	△1,259	323,267
当期変動額					
剰余金の配当			△11,497		△11,497
親会社株主に帰属する当期純利益			47,289		47,289
自己株式の取得				△4	△4
自己株式の処分				18	18
株主資本以外の項目の当期変動額（純額）					
当期変動額合計	−	−	35,791	14	35,806
当期末残高	26,648	34,910	298,758	△1,244	359,073

	その他の包括利益累計額				純資産合計
	その他有価証券評価差額金	為替換算調整勘定	退職給付に係る調整累計額	その他の包括利益累計額合計	
当期首残高	6,579	118	5,540	12,237	335,504
当期変動額					
剰余金の配当					△11,497
親会社株主に帰属する当期純利益					47,289
自己株式の取得					△4
自己株式の処分					18
株主資本以外の項目の当期変動額（純額）	△107	9,975	△14	9,853	9,853
当期変動額合計	△107	9,975	△14	9,853	45,659
当期末残高	6,471	10,093	5,525	22,090	381,164

---

point **固定資産売却で投資活動キャッシュ・フローは改善**

当年度は，コスト削減や生産能力の増強等を図ってより多くの設備投資を行っているが，その分設備の更新に基づく固定資産の売却も多かった。その売却による収入があったために，当年度の投資活動によるキャッシュ・フローは収入側に転じている。

当連結会計年度（自　2022年4月1日　至　2023年3月31日）

（単位：百万円）

	株主資本				
	資本金	資本剰余金	利益剰余金	自己株式	株主資本合計
当期首残高	26,648	34,910	298,758	△1,244	359,073
当期変動額					
剰余金の配当			△14,740		△14,740
親会社株主に帰属する当期純利益			52,048		52,048
自己株式の取得				△4	△4
自己株式の処分				38	38
株主資本以外の項目の当期変動額（純額）					
当期変動額合計	−	−	37,307	34	37,341
当期末残高	26,648	34,910	336,066	△1,210	396,415

	その他の包括利益累計額				純資産合計
	その他有価証券評価差額金	為替換算調整勘定	退職給付に係る調整累計額	その他の包括利益累計額合計	
当期首残高	6,471	10,093	5,525	22,090	381,164
当期変動額					
剰余金の配当					△14,740
親会社株主に帰属する当期純利益					52,048
自己株式の取得					△4
自己株式の処分					38
株主資本以外の項目の当期変動額（純額）	△641	5,563	71	4,993	4,993
当期変動額合計	△641	5,563	71	4,993	42,335
当期末残高	5,829	15,656	5,597	27,084	423,499

point　営業活動キャッシュ・フローを補うためにCPを発行

　営業活動資金調達のために，当年度はより多くのコマーシャル・ペーパー（CP）を発行していることから，財務活動によるキャッシュ・フローが収入側に転じた。CPは短期間で償還されるが，その償還資金のための社債発行がすでに決議されている。当年度の営業活動によるキャッシュ・フローの少なさが営業活動資金不足の一因か。

④ 連結キャッシュ・フロー計算書

（単位：百万円）

	前連結会計年度 （自　2021年4月1日 至　2022年3月31日）	当連結会計年度 （自　2022年4月1日 至　2023年3月31日）
営業活動によるキャッシュ・フロー		
税金等調整前当期純利益	65,947	70,832
減価償却費	16,205	17,524
事業整理損	－	613
特別調査費用等	－	351
受取保険金	－	△901
火災損失	549	－
貸倒引当金の増減額（△は減少）	△135	△104
賞与引当金の増減額（△は減少）	96	1,503
役員賞与引当金の増減額（△は減少）	59	△6
退職給付に係る資産及び負債の増減額（△は減少）	△134	△17
受取利息及び受取配当金	△515	△804
支払利息	188	281
寄付金	948	－
為替差損益（△は益）	△1,062	△1,043
投資有価証券売却及び評価損益（△は益）	△133	△100
投資有価証券譲渡損益（△は益）	△812	－
投資有価証券清算損益（△は益）	△2	－
有形固定資産除売却損益（△は益）	30	86
売上債権の増減額（△は増加）	△220	△1,052
棚卸資産の増減額（△は増加）	△5,252	△16,190
仕入債務の増減額（△は減少）	2,255	△4,228
契約負債の増減額（△は減少）	1,427	6,830
その他	554	△4,023
小計	79,992	69,549
利息及び配当金の受取額	517	774
利息の支払額	△188	△281
特別調査費用等の支払額	－	△289
保険金の受取額	－	350
火災損失の支払額	△232	
法人税等の支払額	△16,721	△21,799
営業活動によるキャッシュ・フロー	63,367	48,303
投資活動によるキャッシュ・フロー		
固定資産の取得による支出	△10,131	△16,838
固定資産の売却による収入	555	515
投資有価証券の取得による支出	△347	△1,865
投資有価証券の売却による収入	302	182
投資有価証券の清算による収入	22	－
貸付けによる支出	△50	△67
貸付金の回収による収入	40	56
連結の範囲の変更を伴う子会社株式の取得による支出	－	※2 △13,996
その他	3,563	△2,494
投資活動によるキャッシュ・フロー	△6,044	△34,509

	前連結会計年度 （自　2021年4月1日 　至　2022年3月31日）	当連結会計年度 （自　2022年4月1日 　至　2023年3月31日）
財務活動によるキャッシュ・フロー		
短期借入金の返済による支出	－	△100
長期借入金の返済による支出	△34	△78
配当金の支払額	△11,490	△14,745
リース債務の返済による支出	△4,148	△4,528
自己株式の増減額（△は増加）	14	34
財務活動によるキャッシュ・フロー	△15,658	△19,418
現金及び現金同等物に係る換算差額	6,799	4,040
現金及び現金同等物の増減額（△は減少）	48,463	△1,584
現金及び現金同等物の期首残高	106,855	155,319
現金及び現金同等物の期末残高	※1 155,319	※1 153,734

【注記事項】

（連結財務諸表作成のための基本となる重要な事項）

1　連結の範囲に関する事項 ··

（1）　連結子会社は78社です。主要な連結子会社名は，「第1 企業の概況 4 関係会社の状況」に記載しています。なお，当連結会計年度より，新たに株式を取得した日水製薬株式会社他1社を連結の範囲に含めています。

（2）　非連結子会社6社（シマヅ フィリピン エステート インク他）の総資産，売上高，当期純損益の額および利益剰余金のうち持分に見合う額のそれぞれの合計額は，いずれも連結財務諸表に重要な影響をおよぼしていませんので，連結の範囲から除いています。

2　持分法の適用に関する事項 ··

（1）　持分法を適用した関連会社の数　2社

　　　主要な会社等の名称

　　　（株）アドバンセンチネル

　　当連結会計年度において，日水製薬株式会社の子会社化に伴い，その関連会社2社を持分法適用の範囲に含めています。

（2）　持分法を適用しない非連結子会社又は関連会社の名称等

　　　非連結子会社6社および関連会社4社（（株）KSA インターナショナル他）に対

する投資については，これらの会社の当期純損益の額および利益剰余金のうち持分に見合う額のそれぞれの合計額の連結損益および利益剰余金に与える影響が軽微ですので，持分法を適用せず原価法で評価しています。

(3)　持分法の適用の手続きについて特に記載すべき事項

　持分法を適用している会社のうち，決算日が連結決算日と異なる会社については，各社の事業年度に係る財務諸表または連結決算日現在で実施した仮決算に基づく財務諸表を使用しています。

3　連結子会社の事業年度等に関する事項

　連結子会社のうち，島津企業管理（中国）有限公司他10社の決算日は12月31日ですが，連結財務情報のより適正な開示を図るため，連結決算日において仮決算を実施した上で連結しています。また，連結子会社1社の決算日は12月31日ですが，連結財務諸表の作成にあたっては，同日現在の財務諸表を使用し，連結決算日との間に発生した重要な取引については連結上必要な調整を行っています。その他の連結子会社の事業年度の末日は，連結決算日と一致しています。

4　会計方針に関する事項

（1）　重要な資産の評価基準および評価方法

①　有価証券

（その他有価証券）

市場価格のない株式等以外のもの：

時価法(評価差額は全部純資産直入法により処理し，売却原価は移動平均法により算定)によっています。

市場価格のない株式等：

移動平均法による原価法によっています。

②　デリバティブ

時価法によっています。

③　棚卸資産

主として総平均法による原価法によっています。ただし，一部については，

商品及び製品，原材料及び貯蔵品は移動平均法による原価法，仕掛品は個別法による原価法によっています。

　（原価法は，収益性の低下による簿価切下げの方法によっています。）

(2)　重要な減価償却資産の減価償却の方法 ·····························
①　有形固定資産（リース資産および使用権資産を除く）

　定額法によっています。

　なお，主な耐用年数は以下のとおりです。

　　　建物及び構築物　　　　　　　3～75年
　　　機械装置及び運搬具　　　　　4～17年
　　　その他（工具，器具及び備品）　2～15年

②　無形固定資産（リース資産を除く）

　定額法によっています。

　なお，自社利用のソフトウエアについては，自社における利用可能期間(5年)に基づく定額法によっています。

③　リース資産

　当社および国内連結子会社の所有権移転外ファイナンス・リース取引に係るリース資産については，リース期間を耐用年数とし，残存価額をゼロとする定額法を採用しています。

④　使用権資産

　在外連結子会社は，リース期間を耐用年数とし，残存価額をゼロとする定額法を採用しています。

(3)　重要な引当金の計上基準 ·································
①　貸倒引当金

　金銭債権の貸倒れによる損失に備えるため，一般債権については貸倒実績率により，貸倒懸念債権等特定の債権については個別に回収可能性を勘案し，回収不能見込額を計上しています。

②　賞与引当金

(point) 財務諸表

　この項目では，連結ではなく単体の貸借対照表と，損益計算書の内訳を確認することができる。連結＝単体＋子会社なので，会社によっては単体の業績を調べて連結全体の業績予想のヒントにする場合があるが，あまりその必要性がある企業は多くない。

従業員の賞与支給に充てるため，支給見込額のうち当連結会計年度の負担額を計上しています。

③　役員賞与引当金

役員の賞与支給に充てるため，支給見込額のうち当連結会計年度の負担額を計上しています。

④　受注損失引当金

国内連結子会社は，役員の退職慰労金の支出に備えるため，内規に基づく当連結会計年度末要支給額を計上しています。

⑤　役員退職慰労引当金

株式交付規定に基づく取締役および役付執行役員への当社株式の交付等に備えるため，当連結会計年度末における株式給付債務の見込額に基づき計上しています。

(4)　退職給付に係る会計処理の方法 ··

①　退職給付見込額の期間帰属方法

退職給付債務の算定にあたり，退職給付見込額を当連結会計年度末までの期間に帰属させる方法については，給付算定式基準によっています。

②　数理計算上の差異および過去勤務費用の費用処理方法

過去勤務費用は，その発生時の従業員の平均残存勤務期間以内の一定の年数（15年）による定額法により費用処理しています。

数理計算上の差異は，各連結会計年度の発生時における従業員の平均残存勤務期間以内の一定の年数（15年）による定額法により翌連結会計年度から費用処理することにしています。

③　未認識数理計算上の差異および未認識過去勤務費用の会計処理方法

未認識数理計算上の差異および未認識過去勤務費用については，税効果を調整の上，純資産の部におけるその他の包括利益累計額の退職給付に係る調整累計額に計上しています。

④　小規模企業等における簡便法の採用

一部の連結子会社は，退職給付に係る負債及び退職給付費用の計算に，退職

給付に係る期末自己都合要支給額を退職給付債務とする方法を用いた簡便法を適用しています。

(5)　重要な収益及び費用の計上基準 ···

　顧客との契約について, 以下の5ステップアプローチに基づき, 約束した財又はサービスの支配が顧客に移転した時点で, 当該財又はサービスと交換に権利を得ると見込む対価の額で収益を認識しています。

　ステップ1：顧客との契約を識別する

　ステップ2：契約における履行義務を識別する

　ステップ3：取引価格を算定する

　ステップ4：契約における履行義務に取引価格を配分する

　ステップ5：履行義務を充足した時に又は充足するにつれて収益を認識する

　収益を認識するにあたっては, 当社グループが主な事業としている計測機器事業, 医用機器事業, 産業機器事業, 航空機器事業における製品の販売, サービス業務およびその他の販売について, 顧客との契約に基づき履行義務を識別しており, 通常は下記の時点で当社グループの履行義務を充足すると判断し収益を認識しています。

①製品の販売に係る収益

　製品の販売については, 顧客との契約の中で当社グループが据付の義務を負う製品は据付が完了した時点, また, 顧客との契約の中で当社グループが据付の義務を負わない製品は引渡時点に, 顧客が当該製品に対する支配を獲得し, 履行義務が充足されると判断し, 当該時点において収益を認識しています。

　なお, 当社および国内連結子会社は, 据付の義務を負わない製品については, 出荷時から製品の支配が顧客に移転される時までの期間が通常の期間である場合には, 出荷時点において収益を認識しています。

②サービス及びその他の販売に係る収益

　サービス及びその他の販売に係る収益には, 主に製品に関連した保証・修理・保守, 移設などの業務に係る収益が含まれ, 履行義務が一時点で充足される場合にはサービス提供完了時点において, 一定期間にわたり充足される場合にはサー

(point) 国からの補助金を受ける事業も多い

　国庫補助金とは, 国が特定の事業を奨励するために企業に交付する資金である。島津製作所のような最先端の研究・開発を行っている企業では, 国庫補助金を交付されている所が多い。会計処理上, 国庫補助金を対象となった固定資産取得価額から控除することとなっている。

ビス提供期間にわたり定額で，または進捗度に応じて収益を認識しています。

(6) 重要な外貨建の資産または負債の本邦通貨への換算の基準 ·················

外貨建金銭債権債務は，決算日の直物為替相場により円貨に換算し，換算差額は損益として処理しています。なお，在外連結子会社の資産および負債は，決算日の直物為替相場により円貨に換算し，収益および費用は期中平均相場により円貨に換算し，換算差額は純資産の部における為替換算調整勘定に含めています。

(7) のれんの償却方法および償却期間 ···

のれんの償却については，その効果の発現する期間を見積もって，20年以内の一定の年数で均等償却しています。

ただし，重要性の乏しいものについては発生年度に処理しています。

(8) 連結キャッシュ・フロー計算書における資金の範囲 ·······················

連結キャッシュ・フロー計算書における資金（現金及び現金同等物）は，手許現金，随時引き出し可能な預金および容易に換金可能であり，かつ，価値の変動について僅少なリスクしか負わない取得日から3ヵ月以内に償還期限の到来する短期投資からなっています。

(9) その他連結財務諸表作成のための重要な事項 ·······························

グループ通算制度

当社および一部の連結子会社はグループ通算制度を適用しています。

(point) **単体の当期純利益の増加で相対的に配当性向は低下**

配当性向は，1株当たり配当額÷1株当たり当期純利益により求められるが，当期において大きく下落している。毎期安定した金額により配当を行っている一方で，島津製作所単体での当期純利益が大きく増加したために，配当性向が下落したものである。

（重要な会計上の見積り）

1 有形固定資産および無形固定資産の減損

（1） 当連結会計年度の連結財務諸表に計上した金額

（単位：百万円）

	前連結会計年度	当連結会計年度
有形固定資産	104,430	112,992
無形固定資産	11,151	16,963

（2） 識別した項目に係る重要な会計上の見積りの内容に関する情報

　当社グループは，減損損失の兆候の把握，減損損失の認識の判定にあたり，原則として事業用資産については，管理会計上の事業区分に基づきグルーピングを行い，各事業単位の将来キャッシュ・フローの見積りを基礎として判断します。遊休資産については，個別の物件ごとにグルーピングを行い，回収可能価額を正味売却価額により測定しています。将来キャッシュ・フローおよび回収可能価額の見積りは合理的であると判断していますが，今後の事業計画との乖離や市況・需要の変化等によって将来キャッシュ・フローや回収可能価額が減少する場合は，減損損失が発生し，損益に重要な影響を与える可能性があります。

2 退職給付債務および費用の評価

（1） 当連結会計年度の連結財務諸表に計上した金額

（単位：百万円）

	前連結会計年度	当連結会計年度
退職給付に係る資産	20,665	21,818
退職給付に係る負債	12,994	14,222

（2） 識別した項目に係る重要な会計上の見積りの内容に関する情報

　従業員の退職給付費用および退職給付債務の算出には数理計算上の仮定を用いて算出しており，仮定には割引率，予想昇給率，退職率，死亡率，年金資産の長期期待運用収益率等を含んでいます。当社グループが使用した数理計算上の仮定は妥当なものと判断していますが，仮定と実績との差異，仮定自体の変更は将来の退職給付費用，退職給付債務および制度への必要拠出額に影響し，損益および財政状態に重要な影響を与える可能性があります。

3　繰延税金資産の回収可能性

(1)　当連結会計年度の連結財務諸表に計上した金額

（単位：百万円）

	前連結会計年度	当連結会計年度
繰延税金資産	12,606	15,692

(2)　識別した項目に係る重要な会計上の見積りの内容に関する情報

　当社グループは，回収可能性がないと判断される繰延税金資産に対しては評価性引当額を設定し，適切な繰延税金資産を計上しています。繰延税金資産の回収可能性は，各社または各納税主体で十分な課税所得を計上するか否かによって判断されるため，その評価に際しては，実績とともに将来の課税所得の見積りが考慮されています。仮に将来における市場環境や経営成績の悪化等により将来の課税所得が見積りを下回り，繰延税金資産の一部又は全部を回収できないと判断された場合，繰延税金資産に対する評価性引当額が追加で設定され，損益に重要な影響を与える可能性があります。

（会計方針の変更）

（「時価の算定に関する会計基準」等の適用）

　「時価の算定に関する会計基準の適用指針」（企業会計基準適用指針第31号 2021年6月17日。以下「時価算定会計基準適用指針」という。）を当連結会計年度の期首から適用し，時価算定会計基準適用指針第27-2項に定める経過的な取扱いに従って，時価算定会計基準適用指針が定める新たな会計方針を将来にわたって適用することとしました。これによる当連結会計年度の連結財務諸表等に与える影響は軽微です。

（未適用の会計基準等）

（「法人税，住民税及び事業税等に関する会計基準」等の適用）

　・「法人税，住民税及び事業税等に関する会計基準」（企業会計基準第27号
　　2022年10月28日　企業会計基準委員会）

　・「包括利益の表示に関する会計基準」（企業会計基準第25号　2022年10月
　　28日　企業会計基準委員会）

・「税効果会計に係る会計基準の適用指針」（企業会計基準適用指針第28号
　2022年10月28日　企業会計基準委員会）

(1)　概要

　2018年2月に企業会計基準第28号「『税効果会計に係る会計基準』の一部改正」
等（以下「企業会計基準第28号等」）が公表され，日本公認会計士協会における
税効果会計に関する実務指針の企業会計基準委員会への移管が完了されました
が，その審議の過程で，次の2つの論点について，企業会計基準第28号等の公
表後に改めて検討を行うこととされていたものが，審議され，公表されたものです。

　・税金費用の計上区分（その他の包括利益に対する課税）
　・グループ法人税制が適用される場合の子会社株式等（子会社株式又は関連会
　　社株式）の売却に係る税効果

(2)　適用予定日

　2025年3月期の期首から適用します。

(3)　当該会計基準等の適用による影響

　「法人税，住民税及び事業税等に関する会計基準」等の適用による連結財務諸
表に与える影響額については，現時点で評価中です。

（表示方法の変更）
(「収益認識に関する会計基準」等の適用)

　前連結会計年度において，「無形固定資産」に含めていた「のれん」は，金額的
重要性が増したため，当連結会計年度より独立掲記することとしました。この表
示方法の変更を反映させるため，前連結会計年度の連結財務諸表の組替えを行っ
ています。

　この結果，前連結会計年度の連結貸借対照表において，「無形固定資産」に表
示していた11,151百万円は，「のれん」2,283百万円，「その他」8,868百万円
として組み替えています。

（追加情報）
(「収益認識に関する会計基準」等の適用)

当社は，当社取締役（社外取締役および国内非居住者を除く）および役付執行役員（国内非居住者を除く）を対象に，業績連動型株式報酬制度として，「役員報酬BIP信託」（以下「本制度」という。）を導入しました。信託に関する会計処理については，「従業員等に信託を通じて自社の株式を交付する取引に関する実務上の取扱い」（実務対応報告第30号 2015年3月26日）に準じています。

　本制度は，当社が拠出する金銭を原資として当社が設定した信託（役員報酬BIP信託）が当社株式を取得し，当該信託を通じて取締役等に，各連結会計年度における業績目標の達成度および役位に応じて付与されるポイントに相当する当社株式および当社株式の換価処分金相当額の金銭を交付および給付する制度です。

　なお，信託に残存する当社株式を，信託における帳簿価額（付随費用を除く）により，純資産の部に自己株式として計上しています。当該自己株式の帳簿価額および株式数は，前連結会計年度末337百万円，当連結会計年度末298百万円および前連結会計年度末164,230株，当連結会計年度末145,398株です。

2 財務諸表等

（1） 財務諸表 ··

① 貸借対照表

（単位：百万円）

	前事業年度 （2022年3月31日）	当事業年度 （2023年3月31日）
資産の部		
流動資産		
現金及び預金	99,702	87,197
受取手形	2,484	1,804
電子記録債権	※1 19,250	※1 19,470
売掛金	※1 52,634	※1 54,178
商品及び製品	21,258	28,762
仕掛品	10,555	14,036
原材料及び貯蔵品	9,719	11,489
前渡金	3,132	3,078
その他	※1 13,944	※1 18,122
貸倒引当金	△7	△7
流動資産合計	232,675	238,131
固定資産		
有形固定資産		
建物	43,246	43,307
構築物	1,809	1,690
機械及び装置	1,270	1,301
車両運搬具	5	10
工具、器具及び備品	7,946	8,697
土地	17,931	17,931
リース資産	584	878
建設仮勘定	438	616
有形固定資産合計	※2 73,233	※2 74,434
無形固定資産		
ソフトウエア	4,936	6,151
その他	1,613	992
無形固定資産合計	6,549	7,144
投資その他の資産		
投資有価証券	12,105	12,034
関係会社株式	20,948	38,283
出資金	65	110
関係会社出資金	6,061	6,061
長期貸付金	704	172
前払年金費用	12,321	13,374
繰延税金資産	2,775	3,577
その他	1,313	1,874
貸倒引当金	△319	△333
投資その他の資産合計	55,974	75,155
固定資産合計	135,758	156,734
資産合計	368,433	394,866

	前事業年度 （2022年3月31日）	当事業年度 （2023年3月31日）
負債の部		
流動負債		
電子記録債務	※1 20,966	7,152
買掛金	※1 25,073	※1 24,392
短期借入金	※1 47,903	※1 62,483
1年内返済予定の長期借入金	65	65
リース債務	276	314
未払金	※1 9,666	※1 11,375
未払費用	580	766
未払法人税等	8,418	5,898
契約負債	1,164	1,430
預り金	※1 1,311	1,351
賞与引当金	5,765	6,488
役員賞与引当金	185	155
株式給付引当金	38	115
受注損失引当金	24	-
その他	※1 3,074	※1 3,565
流動負債合計	124,515	125,554
固定負債		
長期借入金	198	132
リース債務	380	667
退職給付引当金	3,572	3,658
株式給付引当金	92	-
その他	260	238
固定負債合計	4,504	4,697
負債合計	129,020	130,251
純資産の部		
株主資本		
資本金	26,648	26,648
資本剰余金		
資本準備金	35,188	35,188
資本剰余金合計	35,188	35,188
利益剰余金		
利益準備金	4,206	4,206
その他利益剰余金		
買換資産圧縮積立金	532	532
別途積立金	24,330	24,330
繰越利益剰余金	143,543	169,345
利益剰余金合計	172,611	198,413
自己株式	△1,244	△1,210
株主資本合計	233,203	259,040
評価・換算差額等		
その他有価証券評価差額金	6,209	5,574
評価・換算差額等合計	6,209	5,574
純資産合計	239,413	264,614
負債純資産合計	368,433	394,866

② 損益計算書

(単位：百万円)

	前事業年度 （自　2021年4月1日 至　2022年3月31日）	当事業年度 （自　2022年4月1日 至　2023年3月31日）
売上高	※1 224,608	※1 244,955
売上原価	※1 139,706	※1 151,172
売上総利益	84,901	93,782
販売費及び一般管理費	※1,※2 49,992	※1,※2 54,771
営業利益	34,909	39,010
営業外収益		
受取利息及び配当金	※1 9,742	※1 11,187
その他	※1 3,259	※1 2,908
営業外収益合計	13,001	14,096
営業外費用		
支払利息	※1 73	※1 547
その他	※1,※3 2,525	※1 2,035
営業外費用合計	2,599	2,582
経常利益	45,311	50,524
特別利益		
投資有価証券売却益	146	103
固定資産売却益	※1 1	※1 1
投資有価証券譲渡益	※3 812	－
投資有価証券清算益	2	－
特別利益合計	964	104
特別損失		
特別調査費用等	－	※4 125
固定資産処分損	159	104
投資有価証券評価損	13	－
特別損失合計	173	229
税引前当期純利益	46,102	50,399
法人税、住民税及び事業税	10,098	10,379
法人税等調整額	△61	△523
法人税等合計	10,037	9,856
当期純利益	36,065	40,543

③　株主資本等変動計算書

前事業年度（自　2021年4月1日　至　2022年3月31日）

（単位：百万円）

	株主資本							
	資本金	資本剰余金		利益剰余金				
		資本準備金	利益準備金	その他利益剰余金			利益剰余金合計
				買換資産圧縮積立金	別途積立金	繰越利益剰余金	
当期首残高	26,648	35,188	4,206	532	24,330	118,975	148,043
当期変動額							
剰余金の配当						△11,497	△11,497
当期純利益						36,065	36,065
自己株式の取得							
自己株式の処分							
株主資本以外の項目の当期変動額（純額）							
当期変動額合計	-	-	-	-	-	24,567	24,567
当期末残高	26,648	35,188	4,206	532	24,330	143,543	172,611

| | 株主資本 | | 評価・換算差額等 | 純資産合計 |
	自己株式	株主資本合計	その他有価証券評価差額金	
当期首残高	△1,259	208,621	6,343	214,965
当期変動額				
剰余金の配当		△11,497		△11,497
当期純利益		36,065		36,065
自己株式の取得	△4	△4		△4
自己株式の処分	18	18		18
株主資本以外の項目の当期変動額（純額）			△134	△134
当期変動額合計	14	24,581	△134	24,447
当期末残高	△1,244	233,203	6,209	239,413

当事業年度（自　2022年4月1日　至　2023年3月31日）

（単位：百万円）

	株主資本						
	資本金	資本剰余金	利益剰余金				
		資本準備金	利益準備金	その他利益剰余金			利益剰余金合計
				買換資産圧縮積立金	別途積立金	繰越利益剰余金	
当期首残高	26,648	35,188	4,206	532	24,330	143,543	172,611
当期変動額							
剰余金の配当						△14,740	△14,740
当期純利益						40,543	40,543
自己株式の取得							
自己株式の処分							
株主資本以外の項目の当期変動額（純額）							
当期変動額合計	-	-	-	-	-	25,802	25,802
当期末残高	26,648	35,188	4,206	532	24,330	169,345	198,413

	株主資本		評価・換算差額等	純資産合計
	自己株式	株主資本合計	その他有価証券評価差額金	
当期首残高	△1,244	233,203	6,209	239,413
当期変動額				
剰余金の配当		△14,740		△14,740
当期純利益		40,543		40,543
自己株式の取得	△4	△4		△4
自己株式の処分	38	38		38
株主資本以外の項目の当期変動額（純額）			△634	△634
当期変動額合計	34	25,836	△634	25,201
当期末残高	△1,210	259,040	5,574	264,614

【注記事項】

（重要な会計方針）

1　資産の評価基準および評価方法 ……………………………………………

（1）　有価証券の評価基準および評価方法 …………………………………

子会社株式および関連会社株式：

移動平均法による原価法によっています。

（その他有価証券）

市場価格のない株式等以外のもの：

時価法（評価差額は全部純資産直入法により処理し，売却原価は移動平均法により算定）によっています。

市場価格のない株式：

移動平均法による原価法によっています。

（2）　デリバティブの評価基準および評価方法 ………………………………

時価法によっています。

（3）　棚卸資産の評価基準および評価方法 ……………………………………

総平均法による原価法によっています。ただし，一部については，商品及び製品，原材料及び貯蔵品は移動平均法による原価法，仕掛品は個別法による原価法によっています。

（原価法は，収益性の低下による簿価切下げの方法によっています。）

2　固定資産の減価償却の方法 ……………………………………………………

（1）　有形固定資産（リース資産を除く）………………………………………

定額法によっています。

（2）　無形固定資産（リース資産を除く）………………………………………

定額法によっています。

なお，自社利用のソフトウエアについては，自社における利用可能期間（5年）に基づく定額法によっています。

（3）　リース資産 ……………………………………………………………………

所有権移転外ファイナンス・リース取引に係るリース資産については，リース

期間を耐用年数とし，残存価額をゼロとする定額法を採用しています。

3　引当金の計上基準 ··

（1）　貸倒引当金 ··

　金銭債権の貸倒れによる損失に備えるため，一般債権については貸倒実績率により，貸倒懸念債権等特定の債権については個別に回収可能性を勘案し，回収不能見込額を計上しています。

（2）　賞与引当金 ··

　従業員の賞与支給に充てるため，支給見込額のうち当事業年度の負担額を計上しています。

（3）　役員賞与引当金 ··

　役員の賞与支給に充てるため，支給見込額のうち当事業年度の負担額を計上しています。

（4）　退職給付引当金 ··

　従業員の退職給付に備えるため，当事業年度末における退職給付債務および年金資産の見込額に基づき計上しています。

（5）　株式給付引当金 ··

　株式交付規定に基づく取締役および役付執行役員への当社株式の交付等に備えるため，当事業年度末における株式給付債務の見込額に基づき計上しています。

4　収益及び費用の計上基準 ··

　顧客との契約について，以下の5ステップアプローチに基づき，約束した財又はサービスの支配が顧客に移転した時点で，当該財又はサービスと交換に権利を得ると見込む対価の額で収益を認識しています。

　ステップ1：顧客との契約を識別する
　ステップ2：契約における履行義務を識別する
　ステップ3：取引価格を算定する
　ステップ4：契約における履行義務に取引価格を配分する
　ステップ5：履行義務を充足した時に又は充足するにつれて収益を認識する

収益を認識するにあたっては，当社が主な事業としている計測機器事業，医用機器事業，産業機器事業，航空機器事業における製品の販売，サービス業務およびその他の販売について，顧客との契約に基づき履行義務を識別しており，通常は下記の時点で当社の履行義務を充足すると判断し収益を認識しています。

(1)　製品の販売に係る収益

　製品の販売については，顧客との契約の中で当社が据付の義務を負う製品は据付が完了した時点，また，顧客との契約の中で当社が据付の義務を負わない製品は引渡時点に，顧客が当該製品に対する支配を獲得し，履行義務が充足されると判断し，当該時点において収益を認識しています。

　なお，据付の義務を負わない製品については，出荷時から製品の支配が顧客に移転される時までの期間が通常の期間である場合には，出荷時点において収益を認識しています。

(2)　サービス及びその他の販売に係る収益

　サービス及びその他の販売に係る収益には，主に製品に関連した保証・修理・保守，移設などの業務に係る収益が含まれ，履行義務が一時点で充足される場合にはサービス提供完了時点において，一定期間にわたり充足される場合にはサービス提供期間にわたり定額で，又は進捗度に応じて収益を認識しています。

5　その他財務諸表作成のための基本となる重要な事項 ⋯⋯⋯⋯⋯⋯⋯⋯⋯⋯⋯

グループ通算制度

グループ通算制度を適用しています。

（重要な会計上の見積り）

1　有形固定資産および無形固定資産の減損

(1)　当事業年度の財務諸表に計上した金額

（単位：百万円）

	前事業年度	当事業年度
有形固定資産	73,233	74,434
無形固定資産	6,549	7,144

(2)　識別した項目に係る重要な会計上の見積りの内容に関する情報

（1）の金額の算出方法は，「1　連結財務諸表等　（1）連結財務諸表　注記事項　重要な会計上の見積り　1　有形固定資産および無形固定資産の減損」の内容と同一です。

2　退職給付債務および費用の評価

（1）　当事業年度の財務諸表に計上した金額

（単位：百万円）

	前事業年度	当事業年度
前払年金費用	12,321	13,374
退職給付引当金	3,572	3,658

（2）　識別した項目に係る重要な会計上の見積りの内容に関する情報

（1）の金額の算出方法は，「1　連結財務諸表等　（1）連結財務諸表　注記事項　重要な会計上の見積り　2　退職給付債務および費用の評価」の内容と同一です。

3　繰延税金資産の回収可能性

（1）　当事業年度の財務諸表に計上した金額

（単位：百万円）

	前事業年度	当事業年度
繰延税金資産	2,775	3,577

（2）　識別した項目に係る重要な会計上の見積りの内容に関する情報

（1）の金額の算出方法は，「1　連結財務諸表等　（1）連結財務諸表　注記事項　重要な会計上の見積り　3　繰延税金資産の回収可能性」の内容と同一です。

（追加情報）

(役員報酬BIP信託に係る取引について)

当社は，当社取締役（社外取締役および国内非居住者を除く）および役付執行役員（国内非居住者を除く）を対象に，業績連動型株式報酬制度として，「役員報酬BIP信託」（以下「本制度」という。）を導入しました。信託に関する会計処理については，「従業員等に信託を通じて自社の株式を交付する取引に関する実

務上の取扱い」（実務対応報告第30号 2015年3月26日）に準じています。

　本制度は，当社が拠出する金銭を原資として当社が設定した信託（役員報酬BIP信託）が当社株式を取得し，当該信託を通じて取締役等に，各事業年度における業績目標の達成度および役位に応じて付与されるポイントに相当する当社株式および当社株式の換価処分金相当額の金銭を交付および給付する制度です。

　なお，信託に残存する当社株式を，信託における帳簿価額（付随費用を除く）により，純資産の部に自己株式として計上しています。当該自己株式の帳簿価額および株式数は，前事業年度末337百万円，当事業年度末298百万円および前事業年度末164,230株，当事業年度末145,398株です。

第2章

機械業界の "今" を知ろう

企業の募集情報は手に入れた。しかし，それだけでは
まだ不十分。企業単位ではなく，業界全体を俯瞰する
視点は，面接などでもよく問われる重要ポイントだ。
この章では直近1年間の運輸業界を象徴する重大
ニュースをまとめるとともに，今後の展望について言
及している。また，章末には運輸業界における有名企
業（一部抜粋）のリストも記載してあるので，今後の就
職活動の参考にしてほしい。

▶▶高い技術でつくる，産業の基礎
機械 業界の動向

　「機械」は，自動車や建設などあらゆる産業の製造に関わる業種である。船舶や航空エンジンなどを作る「重機」，建設・土木に必要な機械を作る「建設機械」，部品を加工する機械（マザーマシン）を作る「工作機械」，組み立てや溶接作業を行うロボットを作る「産業用ロボット」などがある。

❖ 重機業界の動向

　総合重機メーカーの主要6社は，造船を出発点として，そこで培ったさまざまな技術を応用展開させることで，事業を多角化してきたという経緯がある。そのため，各社の手がける製品は，発電設備や石油精製・水処理といった各種プラント，橋梁などの交通インフラ，航空・宇宙産業と多岐に渡る。世界の造船建造は減少する一方で，業界の大型再編と価格競争が激化しており，韓国では現代重工業と大宇造船海洋が統合に向け動き，中国勢も国有造船2社が合併交渉に入った。

　発電においては，再生可能エネルギー，とくに風力発電の分野では，洋上風力発電が造船の技術や設備を生かせる新市場として注目されている。また，プラント業界では，米国のシェールガスをはじめとする液化天然ガス（LNG）プラントなど，エネルギー関連の需要が世界的に拡大中であるが，依然として採算管理に問題がある。

●鉄道・航空産業にもコロナの影響も回復傾向

　鉄道各社がバブル期に導入した車両が更新時期を迎え，2020年代の日本の鉄道メーカーはその需要に応えるだけで安定して好調を維持していけると思われていた。しかし，新型コロナウイルスの影響で鉄道各社の業績は著しく悪化し，資金確保のために新規車両の発注が抑えられた。

　2023年時点でコロナの影響はほぼなくなりつつあるが，テレワーク等の

浸透で自宅作業が増え，定期券利用は元の水準には戻らない見込みだ。

　新型コロナウイルスの影響は，世界中に波及した。欧州鉄道産業連盟（UNIFE）によれば，世界の鉄道産業の市場規模は2015〜17年の平均で約20兆円としており，21〜23年まで年率2.7％で成長する見通しとしていたが，こちらもスピード減を余儀なくされている。

　国内の需要はインバウンド頼みの状態だが，欧州や北米などの設備更新の需要は順調に推移している。引き続き海外需要をうまく取り込んでいけるかが国内メーカーには問われている。

　国際的には，仏のアルストム，独のシーメンス，カナダのボンバルディアが「ビッグ3」と言われてきたが，アルストムとシーメンスは事業統合し，近年では中国の中国中車が売上高4兆円を伺う世界最大手となっている。日本では，英国での実績に加え，イタリアの車両メーカー，信号機メーカーを傘下に収めて欧州で存在感を増す日立製作所と，米国主要都市の地下鉄でシェア1位を誇る川崎重工業が業界を牽引している。

　航空機産業も格安航空会社（LCC）の普及や新興国への新規路線就航のほか，既存機の更新需要もあり成長著しかったが，鉄道以上の打撃を新型コロナウイルスにより受けることになった。感染拡大に伴う渡航制限で旅行需要が激減し，LCCを中心に破綻やキャンセルが続出。米ボーイング社や欧州エアバスは主力機で減産計画および人員削減を発表。IHIや川崎重工といった国内メーカーにもその影響が及ぶとされている。

❖ 建設機械業界の動向

　日本の建設機械会社は，米のキャタピラー社に次いで世界2位のコマツ，大型ショベルやダンプなどを幅広く手がける国内2位の日立建機のほか，フォークリフトの豊田自動織機や，ミニショベルのクボタなど，特定の分野に特化した技術によって，世界で独自の地位を確立している中堅メーカーも多く存在する。

　工場などの新設に伴って受注が増える建設機械が，景気動向の指標となる業界として，常に注目されている。日本建設機械工業会によれば，2021年度の建設機械出荷額は前年度19.4％増の3兆4768億円だった。欧米などのインフラ・住宅投資の拡大や資源価格の上昇による鉱山機械の需要があがったことが大きい。

●国交省主導のアイ・コンストラクション（建設生産性革命）

　2016年4月，国土交通省は土木工事にICT（情報通信技術）を活用する「ア
イ・コンストラクション（建設生産性革命）」の導入を表明した。これは，
ドローンによる3次元測量やICT建機による施工などによって，建設現場
の作業を効率化し，生産性を向上させる取り組みのことを指す。ICTは，
建設工事の，調査・測量，設計，施工，監督，検査，維持管理というそれ
ぞれの工程において，GPSや無線LAN，スマートフォンなどを使って入手
した電子情報を活用して高効率・高精度の処理（施工）を行い，さらに各工
程の処理時に得られた電子情報を他の工程で共有・活用することで，各工
程はもちろん，工事全体の生産性の向上や品質の確保などを図る技術であ
る。

　これを受けて，国内大手各社も，ICTを生かした機械やサービスの開発
に力を注いでいる。コマツが提供を始めた自動運航するドローンの測量サー
ビスは，設現場での高速データ処理技術により，ドローンが撮影した写真
から3次元（3D）の測量データを約30分で生成し，工事の進捗管理に役立
てるもの。そのほか，住友建機は道路舗装用機械のICT対応を，日本キャ
タピラーは土砂などの積載量を計測する技術や事故防止対策を訴求するな
ど，さまざまな提案がなされている。

❖ 工作機械業界の動向

　工作機械は「機械をつくる機械」や「マザーマシン」などと呼ばれ，プロ
グラムに沿って金属の塊を削り，自動車や電子機器の部品や金型を作り出
す。製造業には欠かせない装置であり，企業の設備投資の多寡が業績に直
結する。そんな日本の工作機械産業は，少数の大手メーカーと，特殊分野
で精度の高さを誇る中堅が多数を占める。

　2022年の受注額は1兆7596億円と前年比14％増と，過去2番目の高水準
となった。新型コロナウイルス禍で先送りとなっていた設備需要の回復や，
電気自動車の普及に伴う関連投資に加え，工程集約の自動化ニーズの高ま
りで需要が拡大した。

●第四次産業革命を想定した，新たな潮流

　ドイツと並んで世界トップとされる日本メーカーの技術力だが，多品種少量生産の加速，製造現場の人材不足を背景に，機械単体の性能や高信頼性だけでは優位に立つことが難しくなっている。クラウドやAI（人工知能）など，高度な通信機能で相互に情報伝達する「IoT」（Internet of Things）の波は，工作機械業界にも及んでおり，一元管理の可能な製品やサービスが次々に登場している。パッケージとして導入すれば，生産データの収集や稼働監視，状態診断などに必要なセンサやソフトウエアがすべて構築済みで提供され，ユーザーは意識することなくIoTを活用できる。

　IoTは，社会インフラの仕組みをドラスティックに変え，「第四次産業革命」を促す新技術とも言われている。2016年3月，経済産業省は日本の産業が目指す姿を示すコンセプトとして「コネクテッド・インダストリーズ（CI）」を発表した。これは，さまざまなつながりで新たな付加価値が創出される産業社会のことで，日本の強みである高い技術力や現場力を活かして，協働や共創，技能や知恵の継承を目指す。このような流れを受けて，メーカー各社は近年，IT企業と協業しIoTプラットフォームの構築・提供を進めている。業界大手のDMG森精機と日本マイクロソフト，オークマとGEデジタルが提携を発表するなど，次世代を見据えた変革が始まっている。

❖ 産業用ロボット業界の動向

　溶接や組み立て，塗装などに活用される産業用ロボットは，人間の腕のように複数の関節を持つ「多関節ロボット」と，電子部品を基板に載せる「チップマウンター（電子部品実装機）」に分類される。多関節ロボットは，国内では安川電機とファナック，海外ではスイスのABBとドイツのKUKAが，世界4強である。実装機では，パナソニックや富士機械製造が中心となっている。

　近年，IoT（モノのインターネット）やAI（人工知能）といったデジタル技術を背景に，各社とも，設備のネットワーク化，データのクラウド化などIoTプラットフォームの開発を進めている。2016年，中国の美的集団がKUKAを買収するなど，中国も国策として第四次産業革命への布石を打っている。経済産業省も「コネクテッド・インダストリーズ」戦略を打ち出し

ており，世界での競争も踏まえ，AIの活用，企業間でのデータの共有利用
など，今後の進展が期待される。

●数年に渡る好調に陰りも自動化需要は拡大

　ロボット市場は中国を中心としたアジア市場の成長が著しい。日本ロボッ
ト工業会によると，2022年の産業用ロボットの受注額は1兆1117億円と前
年比3.1％増となった。世界的な半導体不足や中国景気後退の影響を受けて
なおの増加であることが，成長を期待させる

　新型コロナの感染症対策として，工場内の生産ラインにロボットを導入
する動きが進み，食品や医薬品などの分野でもロボットによる生産自動化
の試みがひろがった。さらには人件費の高騰で人手の作業を代替する動きが
加速するなど，あらたな需要が広がってきている。

　さらに物流におけるピッキング分野も伸びており，アマゾンやニトリの配
送センターでは，すでにロボットが必要不可欠な存在となっている。

機械業界

直近の業界各社の関連ニュースを
ななめ読みしておこう。

バッテリー争奪戦、建機でも　コマツ・ボルボ買収相次ぐ

建設機械各社が、電動化時代に備えてバッテリーの確保を急いでいる。コマツが米バッテリーメーカーを買収するほか、スウェーデンの商用車・建機大手ボルボ・グループも別の米大手の買収を発表した。電池は電気自動車（EV）が主戦場だが、脱炭素の対応を迫られる建設業界でも争奪戦が始まっている。

コマツは20日、米バッテリーメーカーのアメリカン・バッテリー・ソリューションズ（ABS、ミシガン州）を買収すると発表した。全株式を取得し、買収額は非公表。ABSは商用車や産業用車両向けのリチウムイオン電池を開発・製造している。買収により、建機や鉱山機械の設計に最適化した電池が開発できるようになる。

「ボルボ・グループは現在の電池・電動化の工程表を完全なものにし、さらに加速させる」。ボルボは10日、経営難に陥っていたバス開発大手の米プロテラからバッテリー事業を買収すると発表した。2億1000万ドル（約310億円）を投じる。

各社がバッテリー企業を囲い込むのは、脱炭素の波が建設現場にも押し寄せているためだ。

建機の分野では、電動化がそれほど進んでいなかった。大型の機械が多いほか、高い出力を保たなくてはならないことが背景にある。建設現場は充電設備から遠いケースが多く、電動化との相性は良くない。

だが脱炭素に向けた取り組みが遅れれば、投資家や取引先から不評を買いかねない。そのため各社は急速に電動化を進めており、コマツは23年度に電動のミニショベルや中型ショベル計4種を投入する。

じつはコマツは電動建機にプロテラの電池を使っており、ボルボから仕入れる可能性もあった。建機向けの電池は仕様変更が難しく、車体側の設計を変えればコストがかさむ。ほぼ同じタイミングでABS買収を発表したコマツにとっ

ては、コスト増を回避できた側面もある。

相次ぐ買収の背景には、ディーゼルエンジンに依存していては各社の稼ぎ頭であるメンテナンス事業を失うという危機感もある。

建機各社はメンテナンス事業を重要視している。新車販売は景気の波の影響で収益が上下するが、部品販売や修理などのアフターサービスは車体が稼働している限り需要が大きく落ち込むことはないためだ。例えば、コマツでは部品販売が建機事業の4分の1を占める

脱炭素が進んでディーゼルエンジンの需要が落ち込めば、こうした安定的な収入源も減ることになる。各社は今のうちから将来の主要部品になるバッテリーを内製化することで、次世代の事業基盤を確保しようとしている。

米キャタピラーは23年に電池技術を手掛けるリソス・エナジーへの投資を発表している。日立建機は欧州でオランダの蓄電装置メーカーや伊藤忠商事と組み、運べるコンテナサイズの充電設備を工事現場に持ち込む計画だ。

欧州は建機の電動化への補助金制度があり、充電のインフラや規格整備も比較的進んでいるが、日本は支援策が不十分だとの声が上がる。コスト面で欧州勢とどう競うのかも今後の課題となる。

国土交通省は電動建機の認定制度をつくり、その後補助金などの普及促進策を整える。電動化しても電気が火力発電由来であれば二酸化炭素（CO_2）排出は大きく減らせない。日本では再生可能エネルギーが欧州よりも調達しづらく、将来の課題になりそうだ。　　　　　　　（2023年11月21日　日本経済新聞）

機械受注が一進一退　7月は2カ月ぶり減、製造業低調で

内閣府が14日発表した7月の機械受注統計によると設備投資の先行指標とされる民需（船舶・電力を除く、季節調整済み）は前月比1.1％減の8449億円だった。製造業の発注が減り、前月と比べて2カ月ぶりにマイナスとなった。機械受注は一進一退の動きが続く。

業種別では製造業からの発注が5.3％減と全体を押し下げた。マイナスは3カ月ぶり。「電気機械」からの発注が23.8％減、「自動車・同付属品」が21.4％減だった。

いずれの業種も、6月に増えた反動で減少した。海外経済の不透明感から、企業が投資により慎重になっていることが響いた可能性もある。

非製造業からの発注は1.3％増えた。2カ月連続でプラスだった。建設業が

29.2%増えた。建設機械やコンベヤーなどの運搬機械の増加が寄与した。卸売業・小売業も13.3%増加した。

内閣府は全体の基調判断を9カ月連続で「足踏みがみられる」に据え置いた。

足元では企業の設備投資への意欲は高いとみられる。内閣府と財務省が13日に公表した法人企業景気予測調査では、大企業・中小企業など全産業の2023年度のソフトウエア投資も含む設備投資は、前年度比12.3%増えると見込む。

第一生命経済研究所の大柴千智氏は「企業の投資意欲は旺盛で、機械受注も年度後半には緩やかな増加傾向に転じるのではないか」と指摘する。

（2023年9月14日　日本経済新聞）

ニデック、TAKISAWA買収で合意　「事前同意なし」で突破

ニデック（旧日本電産）が工作機械のTAKISAWA（旧滝沢鉄工所）を買収する見通しとなった。TAKISAWAが13日、ニデックから受けていたTOB（株式公開買い付け）の提案を受け入れると発表した。TAKISAWAは株主にTOBへの応募も推奨した。ニデックは自動車部品加工に強いTAKISAWAの旋盤を取得し、工作機械事業の「穴」を埋める。

TOBは1株あたり2600円で14日から始める。上限を設けておらず、成立すればTAKISAWAはニデックの子会社となり上場廃止になる可能性が高い。

TAKISAWAの原田一八社長は13日、本社のある岡山市内で記者会見を開き、ニデックの傘下に入ることが「当社にとってプラス」と述べた。工作機械業界の厳しい経営環境に触れ、「（単独で生き残りを図るより、工作機械でニデックが目標に掲げる）世界一を目指すほうが従業員も取引先も幸せ」と説明した。

同時にニデックとは別の1社から対抗提案を出す初期的な意向表明書を受け取ったものの、正式な提案には至らなかったと明らかにした。原田社長は秘密保持契約を理由に「詳しい話はできない」とした。

ニデックは工作機械事業の強化のため、M&A（合併・買収）を相次ぎ手掛けている。2022年1〜3月にはTAKISAWAへ資本提携を持ちかけていた。その際、TAKISAWA側が協議を中断した経緯もあり、23年7月にTAKISAWAの経営陣の事前同意を得ないままTOBの提案に踏み切った。

TAKISAWAを傘下に収め、課題だった工作機械の主要品目の一つ「旋盤」を取得する。ニデックは工作機械の世界市場の機種別の内訳で約3割（ニデック調べ）を占める旋盤を製品に持っていなかった。同社の西本達也副社長は「他

の工作機械と旋盤を顧客にまとめて売れる」と話し、営業面や収益面での相乗効果を見込む。

ニデックは21年、電気自動車（EV）部品の内製化などを視野に三菱重工業から子会社を取得し工作機械事業に参入した。22年にはOKK（現ニデックオーケーケー）を買収し、工作機械を注力事業と定めた。23年にイタリア企業も買収。TAKISAWAが傘下に入れば同事業で4社目となる。

TOB価格の2600円は提案1カ月前の株価の約2倍の水準にあたる。一般にTOB価格は、買収候補企業の直近1カ月や3カ月間の平均株価に3割程度の上乗せ幅（プレミアム）をつけることが多い。今回、ニデックは10割程度のプレミアムをのせた。

当時のTAKISAWAの株価はPBR（株価純資産倍率）が0.5倍前後と割安だったため、ニデックはプレミアムを上乗せしやすい状態だった。TAKISAWAの株主が納得しやすいTOB価格が、TAKISAWAの取締役会の判断に影響したとみられる。

ニデックはTAKISAWAがTOBに反対し「同意なきままのTOB」になることも覚悟しての買収提案だった。M&A巧者のニデックが「同意なき」を辞さない姿勢をみせたことで、今後、日本で同様のケースが増えることが予想される。

海外では事前に賛同を得ないTOBは珍しくない。経済産業省の資料によれば、12〜21年に日本で実施されたTOBは476件で、米国は584件。このうち「同意なきTOB」の比率は米国の17％に対し、日本は4％にとどまる。

長島・大野・常松法律事務所の玉井裕子弁護士は「米国の経営者は『同意なき買収』をされるかもしれないと、普段から高い緊張感をもっている」と指摘する。その上で経営者の緊張感が「企業価値の向上策の活発な検討につながっている可能性がある」と話す。

経産省は8月末にまとめた新たな企業買収における行動指針で、企業価値向上に資する買収提案は真摯に検討するよう求めた。東京証券取引所も今春、PBR1倍割れ企業に改善を要請した。こうした経緯を踏まえれば、TAKISAWAに対するTOB計画は、低水準のPBRを放置する日本の上場企業経営者への「警告」の側面がある。

ニデックの永守重信会長兼最高経営責任者（CEO）は「相手の了解を得て実際に買収が完了するまで平均4〜5年かかる」と強調する。「M&Aの滞りが日本の新興企業の成長が遅い理由の一つだ」と語り、M&A市場の活性化が必要と説く。

（2023年9月13日　日本経済新聞）

建機電動化で認定制度　国交省、公共事業で優遇措置も

国土交通省は2023年度に、土木・建築工事などで使う建設機械の電動化に関する認定制度を新設する。国の脱炭素方針に合った電動建機の研究開発や普及を後押しするため、公共事業の発注に関する優遇措置や補助金といった支援策も検討する。海外で需要が高まる電動建機は大手メーカーが販路開拓を進めており、国際競争力の強化も狙う。

国交省は電動建機を「GX（グリーントランスフォーメーション）建機」と位置づけ、23年度の早期に暫定的な認定制度を設ける。バッテリー式や有線式の油圧ショベル、ホイールローダーを対象に認定し、購入企業などが確認できるよう公表する。

認定にあたっては電力消費量などの基準値を当面設定しないが、メーカー側に業界団体が定める方式に基づいた測定データの提出を求める。集まったデータを分析し、20年代後半にも恒久的な認定制度に移行し、詳細な基準値などを設ける。

普及への支援策も検討する。公共事業の発注で国や地方自治体が電動建機を使用する事業者に優先交渉権を与えたり、建機の購入に補助金を出したりするといった複数案がある。23～24年度にかけて支援内容を詰める。

建機の稼働による二酸化炭素（CO_2）の排出量は国内産業部門の1.4%を占める。政府は50年にCO_2排出量を実質ゼロにする方針をかかげる。産業機械の動力源転換を重要課題と位置づけ、電動建機の普及を加速させる。

電動建機は世界的な競争が激しくなっている。ノルウェーは建機の電動化に関する補助金制度を設け、その他の国でも政府による支援策が広がりつつある。現在主流の軽油を使用したエンジン式の規制が今後、強化される可能性もある。日本メーカーもコマツや日立建機といった大手各社が新型機の研究開発を進め、欧州での販売にも乗り出している。国の認定制度を通じて日本製の電動建機の品質をアピールできれば、海外での販路拡大を後押しすることにもつながる。

（2023年3月10日　日本経済新聞）

工作機械受注、23年は外需18%減へ　利上げで投資抑制

日本工作機械工業会（日工会）は26日、2023年の工作機械受注額は外需が

前年比17.8％減の9500億円となる見通しを発表した。22年の外需は米中を中心に過去最高を更新したが、主要国が金融を引き締め、企業は設備投資に慎重になっている。中国の新型コロナウイルスの感染拡大も、需要を不透明にしている。

稲葉善治会長（ファナック会長）は26日の記者会見で、「米国、欧州の金利がかなり上がっており、ジョブショップ（部品加工を受託する中小製造業者）向けは資金繰りの点から様子見になる懸念がある」と語った。

中国については「23年後半にコロナ禍が収まっていけば、スマホなどの新規需要も出てきそう」としつつ、「先行きは不透明で少し慎重にみている」と説明した。

23年の内需は6500億円と、22年実績（18.2％増の6032億円）比7.7％増を見込む。半導体不足による自動車の生産調整が徐々に緩和され、設備投資が回復する見通し。海外より遅れていた電気自動車（EV）関連の投資も本格化すると期待されている。

22年の受注額は前年比14.2％増の1兆7596億円だった。18年（1兆8157億円）に次ぐ過去2番目の高さになった。外需は1兆1563億円と、18年の1兆654億円を上回って過去最高となった。世界でEVへの移行に伴う投資が好調だった。人手不足を背景に、1台で複数の工程を集約できる機械の需要も増えた。

国・地域別では中国が5.3％増の3769億円で、2年連続で過去最高だった。パソコンやスマホなどのテレワーク関連の需要は一巡したものの、EVや生産自動化に伴う投資が続いた。北米も人手不足による自動化需要が高く、22％増の3444億円と過去最高となった。欧州は9.7％増だった。

同時に発表した22年12月の工作機械受注額は、前年同月比0.9％増の1405億円だった。内需が17.4％減の422億円、外需が11.6％増の982億円だった。米国やインドで大口受注が入り、中国も堅調だった。。

（2023年1月26日　日本経済新聞）

23年の工作機械受注、3年ぶり減少予測　投資減退を懸念

数カ月先の景気動向を示す先行指標ともいわれている工作機械受注が減速している。日本工作機械工業会は11日、2023年の工作機械受注が前年に比べ9％減の1兆6000億円になるとの見通しを示した。新型コロナウイルス禍で

落ち込んだ20年以来、3年ぶりの減少に転じる。世界的な利上げの動きなどで企業の設備投資意欲が減退する懸念が出てきた。

工作機械は金属を削って金型や部品に仕上げるのに欠かせず、あらゆる産業の「マザーマシン（母なる機械）」と呼ばれる。企業の設備投資のほか、スマートフォンなどの消費の動向を敏感に反映するため注目度が高い。

稲葉善治会長（ファナック会長）は、同日開かれた賀詞交歓会で23年の需要について「欧米などのインフレ・利上げ、中国の景気減速懸念や新型コロナの感染拡大により設備投資はしばらく落ち着いた展開となる可能性がある」と説明した。

22年の受注額は1兆7500億円前後（前年比1割増）になる見込みで、18年に次ぐ過去2番目の高水準だったが、直近は需要が減っている。月次ベースでは22年10月に前年同月比で5.5%減少と2年ぶりに前年割れに転じ、11月も7.7%減った。受注の内需のうち半導体やスマホ向けを含む電気・精密用途は11月まで3カ月連続で減った。

半導体の国際団体SEMIは12月、23年の製造装置の世界売上高が4年ぶりに減少に転じ、前年比16%減の912億ドル（約12兆700億円）になる見通しを発表した。工作機械の主要な取引先の半導体製造装置の需要が一巡している。今後はデータセンター向けの半導体需要も減速するとの見方も出ている。これまでけん引役だった半導体やスマホの引き合いが弱まり、テック企業関連の先行き不安を映している。

インフレ抑制を目的とした世界的な利上げの動きも企業の投資意欲に水を差す。米国は政策金利が5%に接近し、「（部品加工を受託する中小製造業者である）ジョブショップを中心に投資姿勢が厳しくなっている」（稲葉会長）という。利上げは投資時の金利負担の増加と消費が落ち込むとの二重の警戒感につながっている。

もっとも製造現場での人手不足を背景とした省人化のニーズは根強い。複数の工程を1台で手掛け、省人化につながる工作機械の需要は堅調だ。ロボット需要も伸びる。日本ロボット工業会は23年の受注が約1兆1500億円と前年比3.6%増えると見通す。

電気自動車（EV）への移行を背景にした投資も追い風で、省人化の投資とともに今後の需要を下支えしそうだ。「省人化や脱炭素対応への投資などを背景に、23年後半からは需要が伸びる」（オークマの家城淳社長）との声も出ていた。

（2023年1月11日　日本経済新聞）

▶ 労働環境

職種：機械設計　　年齢・性別：30代後半・男性

・新卒入社時の給料は月並みですが，その後の伸びは悪くないです。
・コンサルや商社のようなレベルの高給はあり得ませんが。
・30－45h／月の残業代込みと考えれば，十分高給の部類に入るかと。
・査定はほぼ年功序列で，同期入社であれば大きな差はつきません。

職種：研究開発　　年齢・性別：30代前半・男性

・有給休暇の取得は促進されており，連続15日以上の取得も可能です。
・会社側が連休を作っていて，9連休は年間4回もあります。
・休暇制度については大抵の企業よりも整っていると言えるでしょう。
　休日出勤は年に数回ある程度で，残業代は全額支払われます。

職種：海外営業　　年齢・性別：20代後半・男性

・ネームバリューもあり，体制，福利厚生面でも非常に良い環境です。
・成果に厳しいですが，チーム一丸となっている雰囲気があります。
・仕事内容は部署により違いますが，任せられる業務の幅も広いです。
・自分の個性を生かして仕事ができ，自身の成長を日々感じられます。

職種：法人営業　　年齢・性別：20代後半・男性

・上司と部下の関係はガチガチの縦社会ではなくフランクな感じです。
・基本的には，役職名ではなく，さん付け呼称があたりまえです。
・部署によっては雰囲気はかなり違うようですが。
・仕事のやり方は裁量ある任され方なので，各人の自由度は高いです。

▶ 福利厚生

職種：機械設計　　年齢・性別：30代後半・男性

・寮や社宅は築年数の当たりハズレはありますが，充実しています。
・寮や社宅は近い将来にリニューアルするという話もあります。
・社宅を出ると，住宅補助は一切出ません。
・社宅は15年，寮は30歳または5年の遅い方という年限があります。

職種：社内SE　　年齢・性別：30代後半・男性

・大企業だけあって福利厚生は充実しています。
・独身の場合30歳まで寮があり，寮費は光熱費込み約1万円です。
・既婚者には社宅があり，一般家賃相場の2割〜3割で借りられます。
・持株会があり，積立額の10〜15％を会社補助により上乗せされます。

職種：法人営業　　年齢・性別：20代後半・男性

・寮・社宅は素晴らしいの一言で，都内の一等地にあり，金額も破格。都内勤務だと安い社食が利用でき，社食以外だと1食500円の補助も。
・保養施設等はあまり充実していませんが，寮・社宅が補っています。工場勤務になると所内のイベントも数多くあります。

職種：制御設計　　年齢・性別：30代後半・男性

・古い大企業なので，独身寮や社宅等の入居費は本当に安いです。
・住宅補助が給与の低さをある程度は補ってくれています。
・関西地区には保養所もあって，皆使っているようです。
・残業については，現場によってとんでもない残業時間になる場合も。

▶仕事のやりがい

職種：研究開発　　年齢・性別：30代前半・男性

- 自身の仕事が全国的なニュースに直結することが非常に多いです。
- 国の威信を支える仕事に少数精鋭で携われ，やりがいを感じます。
- この会社は採用時点で部まで決定するので，配属は希望通りです。
- 航空宇宙をやりたい人間にとっては最高の環境だと思います。

職種：経理　　年齢・性別：20代後半・男性

- 社会インフラに携わる仕事ですので，誇りを非常に持てます。
- 企業の製品が実際に動いていく所を肌で感じながら仕事ができます。
  特に乗り物好きにはたまらない環境ではないでしょうか。
- 若いうちから大きな裁量を任せられるので，やる気に繋がります。

職種：空調設計・設備設計　　年齢・性別：30代前半・男性

- 自分がチャレンジしたいと思う仕事に携わらせてもらえます。
- 社会の要となるインフラ設備に携われて，やりがいは大きいです。
- 技術力が高い企業のため，仕事をやればやるほど成長できます。
- 失敗しても上司がフォローしてくれるので，好きなように働けます。

職種：機械・機構設計，金型設計（機械）　　年齢・性別：30代後半・男性

- 日本の基幹産業を担い，フィールドは陸・海・空に及びます。
- 周りの人の技術力も高いため，毎日とても刺激があります。
- 歴史が古く，優秀な人材が集まってくるのも非常に魅力です。
- 伝統的に技術者への信頼が厚いため，誇りを持って働けます。

▶ブラック？ホワイト？

職種：機械・機構設計，金型設計（機械）　　年齢・性別：20代後半・男性

- ・家庭と仕事のバランスをとるのは正直難しいです。
- ・海外出張機会はわりと多く，１週間から３カ月くらいになることも。
- ・「家庭を重視する」という人は出世は難しいかもしれません。
- ・小さい子どもがいる人の負担はかなり大きいです。

職種：技能工（その他）　　年齢・性別：20代後半・男性

- ・福利厚生はものすごく整っていて，充実していると思います。
- ・しかし寮に関しては，隣の部屋の声が普通に聞こえてきます。
- ・会社のイベントは半強制的なもので，参加する意欲が失せます。
- ・待遇や給料は良いのですが，工場によっては環境が劣悪な場合も。

職種：機械・機構設計，金型設計（機械）　　年齢・性別：20代後半・男性

- ・研修制度はありますが，仕事が忙しく参加は難しいです。
- ・役職に就く人は仕事ができる反面，家庭とのバランスは難しい様子。
- ・英語を使った業務が大半のため，苦手意識がある人は苦労します。
- ・英語ができて，その上で技術的なスキルが必要となる業界です。

職種：経営管理　　年齢・性別：30代後半・男性

- ・一度事業所に配属されたら異動はないため，事業所の将来性が重要。
- ・業績の悪い事業所だと，管理職になった途端年収が下がる場合も。
- ・福利厚生は一通りありますが，それほど手厚くはないと思います。
- ・住宅補助はありませんが，食事補助が昼食時にあります。

▶女性の働きやすさ

職種：品質管理　　年齢・性別：20代後半・男性

- この会社では，女性はパートの人が多いです。
- 女性の待遇としては，産休など，一般的なものは揃っていますが。
- 女性の正社員自体少ないので，女性管理職も圧倒的に少ないです。
- 女性管理職は，勤続年数が長く年功序列で昇進しているようです。

職種：経理　　年齢・性別：20代後半・男性

- 出産休暇・育児休暇は非常に充実しており，取得率も高いです。
- 製造業という事もあってか全体的に女性社員の比率は低めです。
- 社内に女性が少ない分，女性管理職の数も圧倒的に少ないです。
- 性別問わず優秀な方は多いので，女性だからという心配は不要です。

職種：一般事務　　年齢・性別：20代後半・男性

- 女性の数は全体として少なく，待遇も悪くありません。
- 仕事内容としては若干補助的な仕事が多いように感じます。
- 総合職の方の待遇は良く，大切にする会社であると思います。
- それ故に少々甘めになっている所もあり，改善が必要なところも。

職種：人事　　年齢・性別：50代前半・男性

- 女性も管理職に多く就いています。
- 残業が多い部署もありますが，配置次第で働きやすいと思います。
- 能力さえあれば男女の区別なく扱われる点は魅力的だと思います。
- 結婚を機に辞める人もいますが，もったいないと思います。

▶ 今後の展望

職種：**法人営業**　　年齢・性別：**20代後半・男性**

- 会社が古い体質のためか，一日中仕事をしない社員が多数います。
- 海外展開も遅れており，将来性は乏しいように感じます。
- 今後の事を考え，転職を検討している社員もちらほら。
- 事業によっては子会社化が濃厚の為，逃げ出そうと考えている人も。

職種：**購買・調達（機械）**　　年齢・性別：**20代後半・男性**

- 国内では業界最大規模ですが，今後内需の拡大は望めないでしょう。
- 世界的に見ると競合他社に大きく遅れをとっている事業もあります。
- 今後は海外に打って出るしかなく，厳しい競争が予想されます。
- 直近ではガスタービン分野での世界再編がカギになってくるかと。

職種：**人事**　　年齢・性別：**20代後半・男性**

- 社として女性基幹職の目標数値を掲げて，登用を進めています。
- ここ近年，新卒社員の女性の割合も上がってきています。
- 育児休業制度を早期に取り入れた経緯もあって，取得率は高いです。
- 今後更に，女性のための制度整備や社内風土の醸成を図る方針です。

職種：**研究・開発（機械）**　　年齢・性別：**20代後半・男性**

- 福利厚生も整い，ワークライフバランスも取りやすいです。
- 今後の方針として女性管理職者数を現状の３倍にするようです。
- 女性社員のためのキャリアアップ施策も充実させていくようです。
- 今後さらに労働環境も整い，女性も長く勤めやすくなると思います。

機械業界　国内企業リスト（一部抜粋）

会社名	本社住所
アタカ大機株式会社	大阪市此花区西九条5丁目3番28号(ナインティビル)
株式会社日本製鋼所	東京都品川区大崎1丁目11番1号
三浦工業株式会社	愛媛県松山市堀江町7番地
株式会社タクマ	兵庫県尼崎市金楽寺町2丁目2番33号
株式会社ツガミ	東京都中央区日本橋富沢町12番20号
オークマ株式会社	愛知県丹羽郡大口町下小口五丁目25番地の1
東芝機械株式会社	静岡県沼津市大岡2068-3
株式会社アマダ	神奈川県伊勢原市石田200
アイダエンジニアリング株式会社	神奈川県相模原市緑区大山町2番10号
株式会社滝澤鉄工所	岡山市北区撫川983
富士機械製造株式会社	愛知県知立市山町茶碓山19番地
株式会社牧野フライス製作所	東京都目黒区中根2-3-19
オーエスジー株式会社	愛知県豊川市本野ケ原3-22
ダイジェット工業株式会社	大阪市平野区加美東2丁目1番18号
旭ダイヤモンド工業株式会社	東京都千代田区紀尾井町4番1号
DMG森精機株式会社	名古屋市中村区名駅2丁目35番16号
株式会社ディスコ	東京都大田区大森北2丁目13番11号
日東工器株式会社	東京都大田区仲池上2丁目9番4号
豊和工業株式会社	愛知県清須市須ケ口1900番地1
大阪機工株式会社	兵庫県伊丹市北伊丹8丁目10番地
株式会社石川製作所	石川県白山市福留町200番地
東洋機械金属株式会社	兵庫県明石市二見町福里523-1
津田駒工業株式会社	金沢市野町5丁目18番18号

会社名	本社住所
エンシュウ株式会社	静岡県浜松市南区高塚町 4888 番地
株式会社島精機製作所	和歌山市坂田 85 番地
株式会社日阪製作所	大阪市中央区伏見町 4-2-14 WAKITA 藤村御堂筋ビル 8F
株式会社やまびこ	東京都青梅市末広町 1-7-2
ペガサスミシン製造株式会社	大阪市福島区鷺洲五丁目 7 番 2 号
ナブテスコ株式会社	東京都千代田区平河町 2 丁目 7 番 9 号 JA 共済ビル
三井海洋開発株式会社	東京都中央区日本橋二丁目 3 番 10 号 日本橋丸善東急ビル 4 階・5 階
レオン自動機株式会社	栃木県宇都宮市野沢町 2-3
SMC 株式会社	東京都千代田区外神田 4-14-1 秋葉原 UDX 15 階
株式会社新川	東京都武蔵村山市伊奈平二丁目 51 番地の 1
ホソカワミクロン株式会社	大阪府枚方市招提田近 1 丁目 9 番地
ユニオンツール株式会社	東京都品川区南大井 6-17-1
オイレス工業株式会社	神奈川県藤沢市桐原町 8 番地
日精エー・エス・ビー機械株式会社	長野県小諸市甲 4586 番地 3
サトーホールディングス株式会社	東京都目黒区下目黒 1 丁目 7 番 1 号 ナレッジプラザ
日本エアーテック株式会社	東京都台東区入谷一丁目 14 番 9 号
日精樹脂工業株式会社	長野県埴科郡坂城町南条 2110 番地
ワイエイシイ株式会社	東京都昭島市武蔵野 3-11-10
株式会社小松製作所	東京都港区赤坂二丁目 3 番 6 号（コマツビル）
住友重機械工業株式会社	東京都品川区大崎 2 丁目 1 番 1 号
日立建機株式会社	東京都文京区後楽二丁目 5 番 1 号
日工株式会社	兵庫県明石市大久保町江井島 1013 番地の 1
巴工業株式会社	東京都品川区大崎一丁目 2 番 2 号 アートヴィレッジ大崎セントラルタワー 12 階
井関農機株式会社	東京都荒川区西日暮里 5 丁目 3 番 14 号
TOWA 株式会社	京都市南区上鳥羽上調子町 5 番地

会社名	本社住所
株式会社丸山製作所	東京都千代田区内神田三丁目 4 番 15 号
株式会社北川鉄工所	広島県府中市元町 77-1
株式会社クボタ	大阪市浪速区敷津東一丁目 2 番 47 号
荏原実業株式会社	東京都中央区銀座七丁目 14 番 1 号
三菱化工機株式会社	神奈川県川崎市川崎区大川町 2 番 1 号
月島機械株式会社	東京都中央区佃二丁目 17 番 15 号
株式会社帝国電機製作所	兵庫県たつの市新宮町平野 60 番地
株式会社東京機械製作所	東京都港区芝五丁目 2 6 番 2 4 号
新東工業株式会社	愛知県名古屋市中区錦一丁目 11 番 11 号 名古屋インターシティ 10 階
澁谷工業株式会社	石川県金沢市大豆田本町甲 5 8
株式会社アイチコーポレーション	埼玉県上尾市大字領家字山下 1152 番地の 10
株式会社小森コーポレーション	東京都墨田区吾妻橋 3-11-1
株式会社鶴見製作所	東京都台東区台東 1-33-8（本店大阪）
住友精密工業株式会社	兵庫県尼崎市扶桑町 1 番 10 号
酒井重工業株式会社	東京都港区芝大門 1-4-8 浜松町清和ビル 5 階
株式会社荏原製作所	東京都大田区羽田旭町 11-1
株式会社石井鐵工所	東京都中央区月島三丁目 2 6 番 1 1 号
株式会社酉島製作所	大阪府高槻市宮田町一丁目一番 8 号
ダイキン工業株式会社	大阪市北区中崎西 2-4-12 梅田センタービル（総合受付 19 階）
オルガノ株式会社	東京都江東区新砂 1 丁目 2 番 8 号
トーヨーカネツ株式会社	東京都江東区東砂八丁目 19 番 20 号
栗田工業株式会社	東京都中野区中野 4 丁目 10 番 1 号 中野セントラルパークイースト
株式会社椿本チエイン	大阪市北区中之島 3-3-3（中之島三井ビルディング）
大同工業株式会社	石川県加賀市熊坂町イ 197 番地
日本コンベヤ株式会社	大阪府大東市緑が丘 2-1-1

会社名	本社住所
木村化工機株式会社	兵庫県尼崎市杭瀬寺島二丁目1番2号
アネスト岩田株式会社	横浜市港北区新吉田町 3176
株式会社ダイフク	大阪市西淀川区御幣島 3-2-11
株式会社 加藤製作所	東京都品川区東大井 1-9-37
油研工業株式会社	神奈川県綾瀬市上土棚中 4-4-34
株式会社タダノ	香川県高松市新田町甲 34 番地
フジテック株式会社	滋賀県彦根市宮田町 591-1
CKD株式会社	愛知県小牧市応時 2-250
株式会社　キトー	山梨県中巨摩郡昭和町築地新居 2000
株式会社　平和	東京都台東区東上野一丁目 16 番1号
理想科学工業株式会社	東京都港区芝五丁目 34 番7号　田町センタービル
株式会社 SANKYO	東京都渋谷区渋谷三丁目 29 番 14 号
日本金銭機械株式会社	大阪市平野区西脇2丁目3番 15 号
株式会社マースエンジニアリング	東京都新宿区新宿一丁目10番7号
福島工業株式会社	大阪府大阪市西淀川区御幣島 3-16-11
株式会社オーイズミ	神奈川県厚木市中町二丁目7番 10 号
ダイコク電機株式会社	名古屋市中村区那古野一丁目 43 番5号
アマノ株式会社	神奈川県横浜市港北区大豆戸町 275 番地
JUKI株式会社	東京都多摩市鶴牧 2-11-1
サンデン株式会社	群馬県伊勢崎市寿町 20
蛇の目ミシン工業株式会社	東京都八王子市狭間町 1463
マックス株式会社	東京都中央区日本橋箱崎町 6-6
グローリー株式会社	兵庫県姫路市下手野 1-3-1
新晃工業株式会社	大阪府大阪市北区南森町1丁目4番5号
大和冷機工業株式会社	大阪市天王寺区小橋町3番 13 号 大和冷機上本町 DRK ビル

会社名	本社住所
セガサミーホールディングス株式会社	東京都港区東新橋一丁目 9 番 2 号 汐留住友ビル 21 階
日本ピストンリング株式会社	埼玉県さいたま市中央区本町東 5-12-10
株式会社 リケン	東京都千代田区九段北 1-13-5
TPR 株式会社	東京都千代田区丸の内 1-6-2 新丸の内センタービル 10F
ホシザキ電機株式会社	愛知県豊明市栄町南館 3-16
大豊工業株式会社	愛知県豊田市緑ヶ丘 3-65
日本精工株式会社	東京都品川区大崎 1-6-3（日精ビル）
NTN 株式会社	大阪府大阪市西区京町堀 1-3-17
株式会社ジェイテクト	大阪市中央区南船場 3 丁目 5 番 8 号
株式会社不二越	富山市不二越本町 1 丁目 1 番 1 号
日本トムソン株式会社	東京都港区高輪二丁目 19 番 19 号
THK 株式会社	東京都品川区西五反田三丁目 11 番 6 号
株式会社ユーシン精機	京都市伏見区久我本町 11-260
前澤給装工業株式会社	東京都目黒区鷹番二丁目 13 番 5 号
イーグル工業株式会社	東京都港区芝大門 1-12-15　正和ビル 7F
前澤工業株式会社	埼玉県川口市仲町 5 番 11 号
日本ピラー工業株式会社	大阪市淀川区野中南 2 丁目 11 番 48 号
株式会社キッツ	千葉県千葉市美浜区中瀬一丁目 10 番 1
日立工機株式会社	東京都港区港南二丁目 15 番 1 号（品川インターシティ A 棟）
株式会社マキタ	愛知県安城市住吉町 3 丁目 11 番 8 号
日立造船株式会社	大阪市住之江区南港北 1 丁目 7 番 89 号
三菱重工業株式会社	東京都港区港南 2-16-5（三菱重工ビル）
株式会社 IHI	東京都江東区豊洲三丁目 1-1 豊洲 IHI ビル

第3章

就職活動のはじめかた

入りたい会社は決まった。しかし「就職活動とはそもそ
も何をしていいのかわからない」「どんな流れで進むか
わからない」という声は意外と多い。ここでは就職活
動の一般的な流れや内容，対策について解説していく。

▶就職活動のスケジュール

3月	**4**月	**6**月

就職活動スタート

2025年卒の就活スケジュールは,経団連と政府を中心に議論され,2024年卒の採用選考スケジュールから概ね変更なしとされている。

エントリー受付・提出

OB・OG訪問

企業の説明会には積極的に参加しよう。独自の企業研究だけでは見えてこなかった新たな情報を得る機会であるとともに,モチベーションアップにもつながる。また,説明会に参加した者だけに配布する資料などもある。

合同企業説明会　　　個別企業説明会

筆記試験・面接試験等始まる（3月〜）

内々定（大手企業）

2月末までにやっておきたいこと

就職活動が本格化する前に,以下のことに取り組んでおこう。
　◎自己分析　◎インターンシップ　◎筆記試験対策
　◎業界研究・企業研究　◎学内就職ガイダンス
自分が本当にやりたいことはなにか,自分の能力を最大限に活かせる会社はどこか。自己分析と企業研究を重ね,それを文章などにして明確にしておき,面接時に最大限に活用できるようにしておこう。

7月	**8月**	**10月**

中小企業採用本格化

内定者の数が採用予定数に満たない企業，1年を通して採用を継続している企業，夏休み以降に採用活動を実施企業（後期採用）は採用活動を継続して行っている。大企業でも後期採用を行っていることもあるので，企業から内定が出ても，納得がいかなければ継続して就職活動を行うこともある。

中小企業の採用が本格化するのは大手企業より少し遅いこの時期から。HPなどで採用情報をつかむとともに，企業研究も怠らないようにしよう。

内々定とは10月1日以前に通知（電話等）されるもの。内定に関しては現在協定があり，10月1日以降に文書等にて通知される。

内々定（中小企業）

内定式（10月〜）

どんな人物が求められる？

多くの企業は，常識やコミュニケーション能力があり，社会のできごとに高い関心を持っている人物を求めている。これは「会社の一員として将来の企業発展に寄与してくれるか」という視点に基づく，もっとも普遍的な選考基準だ。もちろん，「自社の志望を真剣に考えているか」「自社の製品，サービスにどれだけの関心を向けているか」という熱意の部分も重要な要素になる。

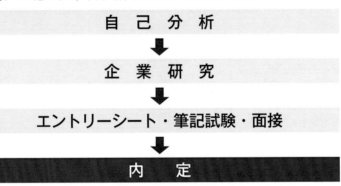

就活ロールプレイ！

理論編

理論編 STEP 1 就職活動のスタート

内定までの道のりは，大きく分けると以下のようになる。

自　己　分　析

企　業　研　究

エントリーシート・筆記試験・面接

内　　定

01 まず自己分析からスタート

　就職活動とは，「企業に自分をPRすること」。自分自身の興味，価値観に加えて，強み・能力という要素が加わって，初めて企業側に「自分が働いたら，こういうポイントで貢献できる」と自分自身を売り込むことができるようになる。

■自分の来た道を振り返る

　自己分析をするための第一歩は，「振り返ってみる」こと。

　小学校，中学校など自分のいた"場"ごとに何をしたか（部活動など），何を学んだか，交友関係はどうだったか，興味のあったこと，覚えている印象的なことを書き出してみよう。

■テストを受けてみる

　"自分では気がついていない能力"を客観的に検査してもらうことで，自分に向いている職種が見えてくる。下記の5種類が代表的なものだ。

①職業適性検査　　②知能検査　　③性格検査

④職業興味検査　　⑤創造性検査

■**先輩や専門家に相談してみる**

　就職活動をするうえでは，"いかに他人に自分のことをわかってもらうか"が重要なポイント。他者の視点で自分を分析してもらうことで，より客観的な視点で自己PRができるようになる。

自己分析の流れ

❑過去の経験を書いてみる

❑現在の自己イメージを明確にする…行動，考え方，好きなものなど。

❑他人から見た自分を明確にする

❑将来の自分を明確にしてみる…どのような生活をおくっていたいか。期待，夢，願望。なりたい自分はどういうものか，掘り下げて考える。→自己分析結果を，志望動機につなげていく。

企業の情報を収集する

01 企業の絞り込み

　志望企業の絞り込みについての考え方は大きく分けて2つある。

　第1は，同一業種の中で1次候補，2次候補……と絞り込んでいく方法。

　第2は，業種を1次，2次，3次候補と変えながら，それぞれに2社程度ずつ絞り込んでいく方法。

　第1の方法では，志望する同一業種の中で，一流企業，中堅企業，中小企業，縁故などがある歯止めの会社……というふうに絞り込んでいく。

　第2の方法では，自分が最も望んでいる業種，将来好きになれそうな業種，発展性のある業種，安定性のある業種，現在好況な業種……というふうに区別して，それぞれに適当な会社を絞り込んでいく。

02 情報の収集場所

・キャリアセンター

・新聞

・インターネット

・企業情報

『就職四季報』（東洋経済新報社刊），『日経会社情報』（日本経済新聞社刊）などの企業情報。この種の資料は本来“株式市場”についての資料だが，その時期の景気動向を含めた情報を仕入れることができる。

・経済雑誌

『ダイヤモンド』（ダイヤモンド社刊）や『東洋経済』（東洋経済新報社刊），『エコノミスト』（毎日新聞出版刊）など。

・OB・OG／社会人

03 志望企業をチェック

①成長力

　まず"売上高"。次に資本力の問題や利益率などの比率。いくら資本金があっても，それを上回る膨大な借金を抱えていて，いくら稼いでも利払いに追われまくるようでは，成長できないし，安定できない。

　成長力を見るには自己資本率を割り出してみる。自己資本を総資本で割って100を掛けると自己資本率がパーセントで出てくる。自己資本の比率が高いほうが成長力もあり安定度も高い。

　利益率は純利益を売上高で割って100を掛ける。利益率が高ければ，企業はどんどん成長するし，社員の待遇も上昇する。利益率が低いということは，仕事がどんなに忙しくても利益にはつながらないということになる。

②技術力

　技術力は，短期的な見方と長期的な展望が必要になってくる。研究部門が適切な規模か，大学など企業外の研究部門との連絡があるか，先端技術の分野で開発を続けているかどうかなど。

③経営者と経営形態

　会社が将来，どのような発展をするか，または衰退するかは経営者の経営哲学，経営方針によるところが大きい。社長の経歴を知ることも必要。創始者の息子，孫といった親族が社長をしているのか，サラリーマン社長か，官庁などからの天下りかということも大切なチェックポイント。

④社風

　社風というのは先輩社員から後輩社員に伝えられ，教えられるもの。社風もいろいろな面から必ずチェックしよう。

⑤安定性

　企業が成長しているか，安定しているかということは車の両輪。どちらか片方の回転が遅くなっても企業はバランスを失う。安定し，しかも成長する。これが企業として最も理想とするところ。

⑥待遇

　初任給だけを考えてみても，それが手取りなのか，基本給なのか。基本給というのはボーナスから退職金，定期昇給の金額にまで響いてくる。また，待遇というのは給与ばかりではなく，福利厚生施設でも大きな差が出てくる。

■そのほかの会社比較の基準

1. ゆとり度

休暇制度は，企業によって独自のものを設定しているところもある。「長期休暇制度」といったものなどの制定状況と，また実際に取得できているかどうかも調べたい。

2. 独身寮や住宅設備

最近では，社宅は廃止し，住宅手当を多く出すという流れもある。寮や社宅についての福利厚生は調べておく。

3. オフィス環境

会社に根づいた慣習や社員に対する考え方が，意外にオフィスの設備やレイアウトに表れている場合がある。

たとえば，個人の専有スペースの広さや区切り方，パソコンなどOA機器の設置状況，上司と部下の机の配置など，会社によってずいぶん違うもの。玄関ロビーや受付の様子を観察するだけでも，会社ごとのカラーや特徴がどこかに見えてくる。

4. 勤務地

転勤はイヤ，どうしても特定の地域で生活していきたい。そんな声に応えて，最近は流通業などを中心に，勤務地限定の雇用制度を取り入れる企業も増えている。

> ### column 初任給では分からない本当の給与
>
> 会社の給与水準には「初任給」「平均給与」「平均ボーナス」「モデル給与」など，判断材料となるいくつかのデータがある。これらのデータからその会社の給料の優劣を判断するのは非常に難しい。
>
> たとえば中小企業の中には，初任給が飛び抜けて高い会社がときどきある。しかしその後の昇給率は大きくないのがほとんど。
>
> 一方，大手企業の初任給は業種間や企業間の差が小さく，ほとんど横並びと言っていい。そこで，「平均給与」や「平均ボーナス」などで将来の予測をするわけだが，これは一応の目安とはなるが，個人差があるので正確とは言えない。

04 就職ノートの作成

■決定版「就職ノート」はこう作る

　1冊にすべて書き込みたいという人には, ルーズリーフ形式のノートがお勧め。会社研究, スケジュール, 時事用語, OB／OG訪問, 切り抜きなどの項目を作りインデックスをつける。

　カレンダー, 説明会, 試験などのスケジュール表を貼り, とくに会社別の説明会, 面談, 書類提出, 試験の日程がひと目で分かる表なども作っておく。そして見開き2ページで1社を載せ, 左ページに企業研究, 右ページには志望理由, 自己PRなどを整理する。

就職ノートの主なチェック項目

☐企業研究…資本金, 業務内容, 従業員数など基礎的な会社概要から, 過去の採用状況, 業務報告などのデータ

☐採用試験メモ…日程, 条件, 提出書類, 採用方法, 試験の傾向など

☐店舗・営業所見学メモ…流通関係, 銀行などの場合は, 客として訪問し, 商品 (値段, 使用価値, ユーザーへの配慮), 店員 (接客態度, 商品知識, 熱意, 親切度), 店舗 (ショーケース, 陳列の工夫, 店内の清潔さ) などの面をチェック

☐OB／OG訪問メモ…OB／OGの名前, 連絡先, 訪問日時, 面談場所, 質疑応答のポイント, 印象など

☐会社訪問メモ…連絡先, 人事担当者名, 会社までの交通機関, 最寄り駅からの地図, 訪問のときに得た情報や印象, 訪問にいたるまでの経過も記入

「OB／OG訪問」は，実際は採用予備選考開始。まず，OB／OG訪問を希望したら，大学のキャリアセンター，教授などの紹介で，志望企業に勤める先輩の手がかりをつかむ。もちろん直接電話なり手紙で，自分の意向を会社側に伝えてもいい。自分の在籍大学，学部をはっきり言って，「先輩を紹介していただけないでしょうか」と依頼しよう。

参考 ▶ ## OB／OG訪問時の質問リスト例

●**採用について**
- ・成績と面接の比重　　　　　・評価のポイント
- ・採用までのプロセス（日程）　・筆記試験の傾向と対策
- ・面接は何回あるか　　　　　・コネの効力はどうか
- ・面接で質問される事項　etc.

●**仕事について**
- ・内容（入社10年, 20年のOB/OG）　・新入社員の仕事
- ・希望職種につけるのか　　　　　・やりがいはどうか
- ・残業，休日出勤，出張など　　　・同業他社と比較してどうか　etc.

●**社風について**
- ・社内のムード　　　　　　・上司や同僚との関係
- ・仕事のさせ方　etc.

●**待遇について**
- ・給与について　　　　　・福利厚生の状態
- ・昇進のスピード　　　　・離職率について　etc.

インターンシップとは，学生向けに企業が用意している「就業体験」プログラム。ここで学生はさまざまな企業の実態をより深く知ることができ，その後の就職活動において自己分析，業界研究，職種選びなどに活かすことができる。また企業側にとっても有能な学生を発掘できるというメリットがあるため，導入する企業は増えている。

インターンシップ参加が採用につながっているケースもあるため，たくさん参加してみよう。

column コネを利用するのも1つの手段？

コネを活用できるのは，以下のような場合である。

・企業と大学に何らかの「連絡」がある場合

企業の新卒採用の場合，特定校・指定校が決められていることもある。企業側が過去の実績などに基づいて決めており，大学の力が大きくものをいう。

とくに理工系では，指導教授や研究室と企業との連絡が密接な場合が多く，教授の推薦が有利であることは言うまでもない。同じ大学出身の先輩とのコネも，この部類に区分できる。

・志望企業と「関係」ある人と関係がある場合

一般的に言えば，志望企業の取り引き先関係からの紹介というのが一番多い。ただし，年間億単位の実績が必要で，しかも部長・役員以上につながっていなければコネがあるとは言えない。

・志望企業と何らかの「親しい関係」がある場合

志望企業に勤務したりアルバイトをしていたことがあるという場合。インターンシップもここに分類される。職場にも馴染みがあり人間関係もできているので，就職に際してきわめて有利。

・志望会社に関係する人と「縁故」がある場合

縁故を「血縁関係」とした場合，日本企業ではこのコネはかなり有効なところもある。ただし，血縁者が同じ会社にいるというのは不都合なことも多いので，どの企業も慎重。

1. 受付の様子

　受付事務がテキパキとしていて，分かりやすいかどうか。社員の態度が親切で誠意が伝わってくるかどうか。

　こういった受付の様子からでも，その会社の社員教育の程度や，新入社員採用に対する熱意とか期待を推し測ることができる。

2. 控え室の様子

　控え室が2カ所以上あって，国立大学と私立大学の訪問者とが，別々に案内されているようなことはないか。また，面談の順番を意図的に変えているようなことはないか。これはよくある例で，すでに大半は内定しているということを意味する場合が多い。

3. 社内の雰囲気

　社員の話し方，その内容を耳にはさむだけでも，社風が伝わってくる。

4. 面談の様子

　何時間も待たせたあげくに，きわめて事務的に，しかも投げやりな質問しかしないような採用担当者である場合，この会社は人事が適正に行われていないということだから，一考したほうがよい。

 説明会での質問項目

・質問内容が抽象的でなく，具体性のあるものかどうか。

・質問内容は，現在の社会・経済・政治などの情況を踏まえた，大学生らしい高度で専門性のあるものか。

・質問をするのはいいが，「それでは，あなたの意見はどうか」と逆に聞かれたとき，自分なりの見解が述べられるものであるか。

提出する書類は6種類。①～③が大学に申請する書類，④～⑥が自分で書く書類だ。大学に申請する書類は一度に何枚も入手しておこう。

① 「卒業見込証明書」
② 「成績証明書」
③ 「健康診断書」
④ 「履歴書」
⑤ 「エントリーシート」
⑥ 「会社説明会アンケート」

■自分で書く書類は「自己PR」

第1次面接に進めるか否かは「自分で書く書類」の出来にかかっている。「履歴書」と「エントリーシート」は会社説明会に行く前に準備しておくもの。「会社説明会アンケート」は説明会の際に書き，その場で提出する書類だ。

01 履歴書とエントリーシートの違い

Webエントリーを受け付けている企業に資料請求をすると，資料と一緒に「エントリーシート」が送られてくるので，応募サイトのフォームやメールでエントリーシートを送付する。Webエントリーを行っていない企業には，ハガキやメールで資料請求をする必要があるが，「エントリーシート」は履歴書とは異なり，企業が設定した設問に対して回答するもの。すなわちこれが「1次試験」であり，これにパスをした人だけが会社説明会に呼ばれる。

■字はていねいに

字を書くところから，その企業に対する"本気度"は測られている。

■誤字，脱字は厳禁

使用するのは，黒のインク。

■修正液使用は不可

■数字は算用数字

■自分の広告を作るつもりで書く

自分はこういう人間であり，何がしたいかということを簡潔に書く。メリットになることだけで良い。自分に損になるようなことを書く必要はない。

■「やる気」を示す具体的なエピソードを

「私はやる気があります」「私は根気があります」という抽象的な表現だけではNG。それを示すエピソードのようなものを書かなくては意味がない。

Point

自己紹介欄の項目はすべて「自己PR」。自分はこういう人間であることを印象づけ，それがさらに企業への「志望動機」につながっていくような書き方をする。

---

column 履歴書やエントリーシートは，共通でもいい？

「履歴書」や「エントリーシート」は企業によって書き分ける。業種はもちろん，同じ業界の企業であっても求めている人材が違うからだ。各書類は提出前にコピーを取り，さらに出した企業名を忘れずに書いておくことも大切だ。

履歴書記入のPoint

写真	スナップ写真は不可。 スーツ着用で，胸から上の物を使用する。ポイントは「清潔感」。 氏名・大学名を裏書きしておく。
日付	郵送の場合は投函する日，持参する場合は持参日の日付を記入する。
生年月日	西暦は避ける。元号を省略せずに記入する。
氏名	戸籍上の漢字を使う。印鑑押印欄があれば忘れずに押す。
住所	フリガナ欄がカタカナであればカタカナで，平仮名であれば平仮名で記載する。
学歴	最初の行の中央部に「学□□歴」と2文字程度間隔を空けて，中学校卒業から大学（卒業・卒業見込み）まで記入する。 中途退学の場合は，理由を簡潔に記載する。留年は記入する必要はない。 職歴がなければ，最終学歴の一段下の行の右隅に，「以上」と記載する。
職歴	最終学歴の一段下の行の中央部に「職□□歴」と2文字程度間隔を空け記入する。 「株式会社」や「有限会社」など，所属部門を省略しないで記入する。 「同上」や「〃」で省略しない。 最終職歴の一段下の行の右隅に，「以上」と記載する。
資格・免許	4級以下は記載しない。学習中のものも記載して良い。 「普通自動車第一種運転免許」など，省略せずに記載する。
趣味・特技	具体的に（例：読書でもジャンルや好きな作家を）記入する。
志望理由	その企業の強みや良い所を見つけ出したうえで，「自分の得意な事」がどう活かせるかなどを考えぬいたものを記入する。
自己PR	応募企業の事業内容や職種にリンクするような，自分の経験やスキルなどを記入する。
本人希望欄	面接の連絡方法，希望職種・勤務地などを記入する。「特になし」や空白はNG。
家族構成	最初に世帯主を書き，次に配偶者，それから家族を祖父母，兄弟姉妹の順に。続柄は，本人から見た間柄。兄嫁は，義姉と書く。
健康状態	「良好」が一般的。

01 エントリーシートの目的

・応募者を，決められた採用予定者数に絞り込むこと

・面接時の資料にする

の2つ。

■知りたいのは職務遂行能力

採用担当者が学生を見る場合は，「こいつは与えられた仕事をこなせるかどうか」という目で見ている。企業に必要とされているのは仕事をする能力なのだ。

─Point─

質問に忠実に，"自分がいかにその会社の求める人材に当てはまるか"を
丁寧に答えること。

02 効果的なエントリーシートの書き方

■情報を伝える書き方

課題をよく理解していることを相手に伝えるような気持ちで書く。

■文章力

大切なのは全体のバランスが取れているか。書く前に，何をどれくらいの字数で収めるか計算しておく。

「起承転結」でいえば，「起」は，文章を起こす導入部分。「承」は，起を受けて，その提起した問題に対して承認を求める部分。「転」は，自説を展開する部分。もっともオリジナリティが要求される。「結」は，最後の締めの結論部分。文章の構成・まとめる力で，総合的な能力が高いことをアピールする。

参考 ▶エントリーシートでよく取り上げられる題材と，その出題意図

エントリーシートで求められるものは，「自己PR」「志望動機」「将来どうなりたいか（目指すこと）」の3つに大別される。

1.「自己PR」

自己分析にしたがって作成していく。重要なのは，「なぜそうしようと思ったか？」「○○をした結果，何が変わったのか？何を得たのか？」という"連続性"が分かるかどうかがポイント。

2.「志望動機」

自己PRと一貫性を保ち，業界志望理由と企業志望理由を差別化して表現するように心がける。志望する業界の強みと弱み，志望企業の強みと弱みの把握は基本。

3.「将来の展望」

どんな社員を目指すのか，仕事へはどう臨もうと思っているか，目標は何か，などが問われる。仕事内容を事前に把握しておくだけでなく，5年後の自分，10年後の自分など，具体的な将来像を描いておくことが大切。

表現力，理解力のチェックポイント

- ❏文法，語法が正しいかどうか
- ❏論旨が論理的で一貫しているかどうか
- ❏1センテンスが簡潔かどうか
- ❏表現が統一されているかどうか（「です，ます」調か「だ，である」調か）

面接試験の進みかた

01 個人面接

●自由面接法

面接官と受験者のキャラクターやその場の雰囲気，質問と応答の進行具合などによって雑談形式で自由に進められる。

●標準面接法

自由面接法とは逆に，質問内容や評価の基準などがあらかじめ決まっている。実際には自由面接法と併用で，おおまかな質問事項や判定基準，評価ポイントを決めておき，質疑応答の内容上の制限を緩和しておくスタイルが一般的。1次面接などでは標準面接法をとり，2次以降で自由面接法をとる企業も多い。

●非指示面接法

受験者に自由に発言してもらい，面接官は話題を引き出したりするときなど，最小限の質問をするという方法。

●圧迫面接法

わざと受験者の精神状態を緊張させ，受験者がどのような応答をするかを観察し，判定する。受験者は，冷静に対応することが肝心。

02 集団面接

面接の方法は個人面接と大差ないが，面接官がひとつの質問をして，受験者が順にそれに答えるという方法と，面接官が司会役になって，座談会のような形式で進める方法とがある。

座談会のようなスタイルでの面接は，なるべく受験者全員が関心をもっているような話題を取りあげ，意見を述べさせるという方法。この際，司会役以外の面接官は一言も発言せず，判定・評価に専念する。

03 グループディスカッション

　グループディスカッション（以下，GD）の時間は30〜60分程度，1グループの人数は5〜10人程度で，司会は面接官が行う場合や，時間を決めて学生が交替で行うことが多い。面接官は内容については特に指示することはなく，受験者がどのようにGDを進めるかを観察する。

　評価のポイントは，全体的には理解力，表現力，指導性，積極性，協調性など，個別的には性格，知識，適性などが観察される。

　GDの特色は，集団の中での個人ということで，受験者の能力がどの程度のものであるか，また，どのようなことに向いているかを判定できること。受験者は，グループの中における自分の位置を面接官に印象づけることが大切だ。

グループディスカッション方式の面接におけるチェックポイント

- ❏全体の中で適切な論点を提供できているかどうか。
- ❏問題解決に役立つ知識を持っているか，また提供できているかどうか。
- ❏もつれた議論を解きほぐし，的はずれの議論を元に引き戻す努力をしているかどうか。
- ❏グループ全体としての目標をいつも考えているかどうか。
- ❏感情的な対立や攻撃をしかけているようなことはないか。
- ❏他人の意見に耳を傾け，よい意見には賛意を表し，それを全体に推し広げようという寛大さがあるかどうか。
- ❏議論の流れを自然にリードするような主導性を持っているかどうか。
- ❏提出した意見が議論の進行に大きな影響を与えているかどうか。

04 面接時の注意点

●控え室

　控え室には，指定された時間の15分前には入室しよう。そこで担当の係から，面接に際しての注意点や手順の説明が行われるので，疑問点は積極的に聞くようにし，心おきなく面接にのぞめるようにしておこう。会社によっては，所定のカードに必要事項を書き込ませたり，お互いに自己紹介をさせたりする場合もある。また，この控え室での行動も細かくチェックして，合否の資料にしている会社もある。

●入室・面接開始

　係員がドアの開閉をしてくれる場合もあるが，それ以外は軽くノックして入室し，必ずドアを閉める。そして入口近くで軽く一礼し，面接官か補助員の「どうぞ」という指示で正面の席に進み，ここで再び一礼をする。そして，学校名と氏名を名のって静かに着席する。着席時は，軽く椅子にかけるようにする。

●面接終了と退室

　面接の終了が告げられたら，椅子から立ち上がって一礼し，椅子をもとに戻して，面接官または係員の指示を受けて退室する。

　その際も，ドアの前で面接官のほうを向いて頭を下げ，静かにドアを開閉する。控え室に戻ったら，係員の指示を受けて退社する。

05 面接試験の評定基準

●協調性

　企業という「集団」では，他人との協調性が特に重視される。

　感情や態度が円満で調和がとれていること，極端に好悪の情が激しくなく，物事の見方や考え方が穏健で中立であることなど，職場での人間関係を円滑に進めていくことのできる人物かどうかが評価される。

●話し方

　外観印象的には，言語の明瞭さや応答の態度そのものがチェックされる。小さな声で自信のない発言，乱暴野卑な発言は減点になる。

　考えをまとめたら，言葉を選んで話すくらいの余裕をもって，真剣に応答しようとする姿勢が重視される。軽率な応答をしたり，まして発言に矛盾を指摘されるような事態は極力避け，もしそのような状況になりそうなときは，自分の非を認めてはっきりと謝るような態度を示すべき。

●好感度

　実社会においては，外観による第一印象が，人間関係や取引に大きく影響を及ぼす。

　「フレッシュな爽やかさ」に加え，入社志望など，自分の意思や希望をより明確にすることで，強い信念に裏づけられた姿勢をアピールできるよう努力したい。

●判断力

何を質問されているのか，何を答えようとしているのか，常に冷静に判断していく必要がある。

●**表現力**

話に筋道が通り理路整然としているか，言いたいことが簡潔に言えるか，話し方に抑揚があり聞く者に感銘を与えるか，用語が適切でボキャブラリーが豊富かどうか。

●**積極性**

活動意欲があり，研究心旺盛であること，進んで物事に取り組み，創造的に解決しようとする意欲が感じられること，話し方にファイトや情熱が感じられること，など。

●**計画性**

見通しをもって順序よく合理的に仕事をする性格かどうか，またその能力の有無。企業の将来性のなかに，自分の将来をどうかみ合わせていこうとしているか，現在の自分を出発点として，何を考え，どんな仕事をしたいのか。

●**安定性**

情緒の安定は，社会生活に欠くことのできない要素。自分自身をよく知っているか，他の人に流されない信念をもっているか。

●**誠実性**

自分に対して忠実であろうとしているか，物事に対してどれだけ誠実な考え方をしているか。

●**社会性**

企業は集団活動なので，自分の考えに固執したり，不平不満が多い性格は向かない。柔軟で適応性があるかどうか。

清潔感や明朗さ，若々しさといった外観面も重視される。

06 面接試験の質問内容

1. 志望動機

受験先の概要や事業内容はしっかりと頭の中に入れておく。また，その企業の企業活動の社会的意義と，自分自身の志望動機との関連を明確にしておく。「安定している」「知名度がある」「将来性がある」といった利己的な動機，「自

分の性格に合っている」というような，あいまいな動機では説得力がない。安定性や将来性は，具体的にどのような企業努力によって支えられているのかという考察も必要だし，それに対する受験者自身の評価や共感なども問われる。

①どうしてその業種なのか

②どうしてその企業なのか

③どうしてその職種なのか

以上の①〜③と，自分の性格や資質，専門などとの関連性を説明できるようにしておく。

自分がどうしてその会社を選んだのか，どこに大きな魅力を感じたのかを，できるだけ具体的に，情熱をもって語ることが重要。自分の長所と仕事の適性を結びつけてアピールし，仕事のやりがいや仕事に対する興味を述べるのもよい。

■複数の企業を受験していることは言ってもいい？

同じ職種，同じ業種で何社かかけもちしている場合，正直に答えてもかまわない。しかし，「第一志望はどこですか」というような質問に対して，正直に答えるべきかどうかというと，やはりこれは疑問がある。どんな会社でも，他社を第一志望にあげられれば，やはり愉快には思わない。

また，職種や業種の異なる会社をいくつか受験する場合も同様で，極端に性格の違う会社をあげれば，その矛盾を突かれるのは必至だ。

2. 仕事に対する意識・職業観

採用試験の段階では，次年度の配属予定が具体的に固まっていない会社もかなりある。具体的に職種や部署などを細分化して募集している場合は別だが，そうでない場合は，希望職種をあまり狭く限定しないほうが賢明。どの業界においても，採用後，新入社員には，研修としてその会社の各セクションをひと通り経験させる企業は珍しくない。そのうえで，具体的な配属計画を検討するのだ。

大切なことは，就職や職業というものを，自分自身の生き方の中にどう位置づけるか，また，自分の生活の中で仕事とはどういう役割を果たすのかを考えてみること。つまり自分の能力を活かしたい，社会に貢献したい，自分の存在価値を社会的に実現してみたい，ある分野で何か自分の力を試してみたい……，などの場合を考え，それを自分自身の人生観，志望職種や業種などとの関係を考えて組み立ててみる。自分の人生観をもとに，それを自分の言葉で表現できるようにすることが大切。

3. 自己紹介・自己PR

性格そのものを簡単に変えたり，欠点を克服したりすることは実際には難しいが，"仕方がない"という姿勢を見せることは禁物で，どんなささいなことでも，努力している面をアピールする。また一般的にいって，専門職を除けば，就職時になんらかの資格や技能を要求する企業は少ない。

ただ，資格をもっていれば採用に有利とは限らないが，専門性を要する業種では考慮の対象とされるものもある。たとえば英検，簿記など。

企業が学生に要求しているのは，4年間の勉学を重ねた学生が，どのように仕事に有用であるかということで，学生の知識や学問そのものを聞くのが目的ではない。あくまで，社会人予備軍としての謙虚さと素直さを失わないようにする。

知識や学力よりも，その人の人間性，ビジネスマンとしての可能性を重視するからこそ，面接担当者は，学生生活全般について尋ねることで，書類だけでは分からない人間性を探ろうとする。

何かうち込んだものや思い出に残る経験などは，その人の人間的な成長になんらかの作用を及ぼしているものだ。どんな経験であっても，そこから受けた印象や教訓などは，明確に答えられるようにしておきたい。

4. 一般常識・時事問題

一般常識・時事問題については筆記試験の分野に属するが，面接でこうしたテーマがもち出されることも珍しくない。受験者がどれだけ社会問題に関心をもっているか，一般常識をもっているか，また物事の見方・考え方に偏りがないかなどを判定する。知識や教養だけではなく，一問一答の応答を通じて，その人の性格や適応能力まで判断されることになる。

07 面接に向けての事前準備

■面接試験1カ月前までには万全の準備をととのえる

●志望会社・職種の研究

新聞の経済欄や経済雑誌などのほか，会社年鑑，株式情報など書物による研究をしたり，インターネットにあがっている企業情報や，検索によりさまざまな角度から調べる。すでにその会社へ就職している先輩や知人に会って知識を得たり，大学のキャリアセンターへ情報を求めるなどして総合的に判断する。

■専攻科目の知識・卒論のテーマなどの整理

大学時代にどれだけ勉強してきたか，専攻科目や卒論のテーマなどを整理しておく。

■**時事問題に対する準備**

毎日欠かさず新聞を読む。志望する企業の話題は，就職ノートに整理するなどもアリ。

面接当日の必需品

❑必要書類（履歴書，卒業見込証明書，成績証明書，健康診断書，推薦状）

❑学生証

❑就職ノート（志望企業ファイル）

❑印鑑，朱肉

❑筆記用具（万年筆，ボールペン，サインペン，シャープペンなど）

❑手帳，ノート

❑地図（訪問先までの交通機関などをチェックしておく）

❑現金（小銭も用意しておく）

❑腕時計（オーソドックスなデザインのもの）

❑ハンカチ，ティッシュペーパー

❑くし，鏡（女性は化粧品セット）

❑シューズクリーナー

❑ストッキング

❑折りたたみ傘（天気予報をチェックしておく）

❑携帯電話，充電器

理論編 STEP 6 筆記試験の種類

■一般常識試験

> 社会人として企業活動を行ううえで最低限必要となる一般常識のほか，
> 英語，国語，社会（時事問題），数学などの知識の程度を確認するもの。

　難易度はおおむね中学・高校の教科書レベル。一般常識の問題集を1冊やっておけばよいが，業界によっては専門分野が出題されることもあるため，必ず志望する企業のこれまでの試験内容は調べておく。

■一般常識試験の対策

・**英語**　慣れておくためにも，教科書を復習する，英字新聞を読むなど。

・**国語**　漢字，四字熟語，反対語，同音異義語，ことわざをチェック。

・**時事問題**　新聞や雑誌，テレビ，ネットニュースなどアンテナを張っておく。

■適性検査

　SPI（Synthetic Personality Inventory）試験（SPI3試験）とも呼ばれ，能力テストと性格テストを合わせたもの。

　能力テストでは国語能力を測る「言語問題」と，数学能力を測る「非言語問題」がある。言語的能力，知覚能力，数的能力のほか，思考・推理能力，記憶力，注意力などの問題で構成されている。

　性格テストは「はい」か「いいえ」で答えていく。仕事上の適性と性格の傾向などが一致しているかどうかをみる。

> **SPIは職務への適応性を客観的にみるためのもの。**

01 「論文」と「作文」

　一般に「論文」はあるテーマについて自分の意見を述べ，その論証をする文章で，必ず意見の主張とその論証という2つの部分で構成される。問題提起と論旨の展開，そして結論を書く。

　「作文」は，一般的には感想文に近いテーマ，たとえば「私の興味」「将来の夢」といったものがある。

　就職試験では「論文」と「作文」を合わせた"論作文"とでもいうようなものが出題されることが多い。

　論作文試験とは，「文章による面接」。テーマに書き手がどういう態度を持っているかを知ることが，出題の主な目的だ。受験者の知識・教養・人生観・社会観・職業観，そして将来への希望などが，どのような思考を経て，どう表現されているかによって，企業にとって，必要な人物かどうかを判断している。

　論作文の場合には，書き手の社会的意識や考え方に加え，「感銘を与える」働きが要求される。就職活動とは，企業に対し「自分をアピールすること」だということを常に念頭に置いておきたい。

Point

論文と作文の違い

	論　文	作　文
テーマ	学術的・社会的・国際的なテーマ。時事，経済問題など	個人的・主観的なテーマ。人生観，職業観など
表現	自分の意見や主張を明確に述べる。	自分の感想を述べる。
展開	四段型（起承転結）の展開が多い。	三段型（はじめに・本文・結び）の展開が多い。
文体	「だ調・である調」のスタイルが多い。	「です調・ます調」のスタイルが多い。

・テーマ

与えられた課題（テーマ）を，受験者はどのように理解しているか。

出題されたテーマの意義をよく考え，それに対する自分の意見や感情が，十分に整理されているかどうか。

・表現力

課題について本人が感じたり，考えたりしたことを，文章で的確に表しているか。

・字・用語・その他

かなづかいや送りがなが合っているか，文中で引用されている格言やことわざの類が使用法を間違えていないか，さらに誤字・脱字に至るまで，文章の基本的な力が受験者の人柄ともからんで厳密に判定される。

・オリジナリティ

魅力がある文章とは，オリジナリティを率直に出すこと。自分の感情や意見を，自分の言葉で表現する。

・生活態度

文章は，書き手の人格や人柄を映し出す。平素の社会的関心や他人との協調性，趣味や読書傾向はどうであるかといった，受験者の日常における生き方，生活態度がみられる。

・字の上手・下手

できるだけ読みやすい字を書く努力をする。また，制限字数より文章が長くなって原稿用紙の上下や左右の空欄に書き足したりすることは避ける。消しゴムで消す場合にも，丁寧に。

いずれの場合でも，表面的な文章力を問うているのではなく，受験者の人柄のほうを重視している。

実践編 マナーチェックリスト

就活において企業の人事担当は，面接試験やOG／OB訪問，そして面接試験において，あなたのマナーや言葉遣いといった，「常識力」をチェックしている。現在の自分はどのくらい「常識力」が身についているかをチェックリストで振りかえり，何ができて，何ができていないかを明確にしたうえで，今後の取り組みに生かしていこう。

評価基準　5：大変良い　4：やや良い　3：どちらともいえない　2：やや悪い　1：悪い

	項　目	評価	メ　モ
挨拶	明るい笑顔と声で挨拶をしているか		
	相手を見て挨拶をしているか		
	相手より先に挨拶をしているか		
	お辞儀を伴った挨拶をしているか		
	直接の応対者でなくても挨拶をしているか		
表情	笑顔で応対しているか		
	表情に私的感情がでていないか		
	話しかけやすい表情をしているか		
	相手の話は真剣な顔で聞いているか		
身だしなみ	前髪は目にかかっていないか		
	髪型は乱れていないか／長い髪はまとめているか		
	髭の剃り残しはないか／化粧は健康的か		
	服は汚れていないか／清潔に手入れされているか		
	機能的で職業・立場に相応しい服装をしているか		
	華美なアクセサリーはつけていないか		
	爪は伸びていないか		
	靴下の色は適当か／ストッキングの色は自然な肌色か		
	靴の手入れは行き届いているか		
	ポケットに物を詰めすぎていないか		

	項　目	評　価	メ　モ
言葉遣い	専門用語を使わず，相手にわかる言葉で話しているか		
	状況や相手に相応しい敬語を正しく使っているか		
	相手の聞き取りやすい音量・速度で話しているか		
	語尾まで丁寧に話しているか		
	気になる言葉癖はないか		
動作	物の授受は両手で丁寧に実施しているか		
	案内・指し示し動作は適切か		
	キビキビとした動作を心がけているか		
心構え	勤務時間・指定時間の５分前には準備が完了しているか		
	心身ともに健康管理をしているか		
	仕事とプライベートの切替えができているか		

☑ 常に自己点検をするクセをつけよう

「人を表情やしぐさ，身だしなみなどの見かけで判断してはいけない」と一般にいわれている。確かに，人の個性は見かけだけではなく，内面においても見いだされるもの。しかし，私たちは人を第一印象である程度決めてしまう傾向がある。それが面接試験など初対面の場合であればなおさらだ。したがって，チェックリストにあるような挨拶，表情，身だしなみ等に注意して面接試験に臨むことはとても重要だ。ただ，これらは面接試験前にちょっと対策したからといって身につくようなものではない。付け焼き刃的な対策をして面接試験に臨んでも，面接官はあっという間に見抜いてしまう。日頃からチェックリストにあるような項目を意識しながら行動することが大事であり，そうすることで，最初はぎこちない挨拶や表情等も，その人の個性に応じたすばらしい所作へ変わっていくことができるのだ。さっそく，本日から実行してみよう。

面接試験において，印象を決定づける表情はとても大事。
どのようにすれば感じのいい表情ができるのか，ポイントを確認していこう。

明るく，温和で 柔らかな表情をつくろう

人間関係の潤滑油

表情に関しては，まずは豊かであるということがベースになってくる。うれしい表情，困った表情，驚いた表情など，さまざまな気持ちを表現できるということが，人間関係を潤いのあるものにしていく。

Point

　表情はコミュニケーションの大前提。相手に「いつでも話しかけてくださいね」という無言の言葉を発しているのが，就活に求められる表情だ。面接官が安心してコミュニケーションをとろうと思ってくれる表情。それが，明るく，温和で柔らかな表情となる。

いますぐデキる

カンタンTraining

Training **01**

喜怒哀楽を表してみよう

・人との出会いを楽しいと思うことが表情の基本
・表情を豊かにする大前提は相手の気持ちに寄り添うこと
・目元・口元だけでなく，眉の動きを意識することが大事

Training **02**

表情筋のストレッチをしよう

・表情筋は「ウイスキー」の発音によって鍛える
・意識して毎日，取り組んでみよう
・笑顔の共有によって相手との距離が縮まっていく

コミュニケーションは挨拶から始まり，その挨拶ひとつで印象は変わるもの。
ポイントを確認していこう。

丁寧にしっかりと
はっきり挨拶をしよう

人間関係の第一歩

挨拶は心を開いて，相手に近づくコ
ミュニケーションの第一歩。たかが
挨拶，されど挨拶の重要性をわきま
えて，きちんとした挨拶をしよう。形，
つまり"技"も大事だが，心をこめ
ることが最も重要だ。

Point

　挨拶はコミュニケーションの第一歩。相手が挨拶するのを待っているの
は望ましくない。挨拶の際のポイントは丁寧であることと，はっきり声に出
すことの2つ。丁寧な挨拶は，相手を大事にして迎えている気持ちの表れ
となる。はっきり声に出すことで，これもきちんと相手を迎えていることが
伝わる。また，相手もその応答として挨拶してくれることで，会ってすぐに
双方向のコミュニケーションが成立する。

いますぐデキる
カンタンTraining

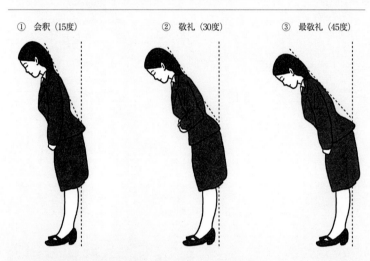

Training 01

３つのお辞儀をマスターしよう

① 会釈 (15度) ② 敬礼 (30度) ③ 最敬礼 (45度)

・息を吸うことを意識してお辞儀をするとキレイな姿勢に
・目線は真下ではなく，床前方1.5m先ぐらいを見よう
・相手への敬意を忘れずに

Training 02

対面時は言葉が先，お辞儀が後

・相手に体を向けて先に自ら挨拶をする
・挨拶時，相手とアイコンタクトを
　しっかり取ろう
・挨拶の後に，お辞儀をする。
　これを「語先後礼」という

コミュニケーションは「話す」よりも「聞く」ことといわれる。相手が話しやすい聞き方の，ポイントを確認しよう。

受容の立場で
傾聴しよう

相手の話を受けとめる

話を聞くときは，やや前に傾く姿勢をとる。表情と姿勢が合わさることにより，話し手の心が開き「あれも，これも話そう」という気持ちになっていく。また，「はい」と一度のお辞儀で頷くと相手の話を受け止めているというメッセージにつながる。

Point

話をすること，話を聞いてもらうことは誰にとってもプレッシャーを伴うもの。そのため，「何でも話して良いんですよ」「何でも話を聞きますよ」「心配しなくて良いんですよ」という気持ちで聞くことが大切になる。その気持ちが聞く姿勢に表れれば，相手は安心して話してくれる。

いますぐデキる
カンタンTraining

Training **01**

頷きは一度で

・相手が話した後に「はい」と
　一言発する
・頷きすぎは逆効果

Training **02**

目線は自然に

・鼻の付け根あたりを見ると
　自然な印象に
・目を見つめすぎるのはNG

Training **03**

話の句読点で視線を移す

・視線は話している人を見ることが基本
・複数の人の話を聞くときは句読点を意識し，
　視線を振り分けることで聞く姿勢を表す

STEP4 伝わる話し方

自分の意思を相手に明確に伝えるためには，話し方が重要となる。はっきりと
的確に話すためのポイントを確認しよう。

明るい発声を
心がけよう

ボリュームを意識して

話すときのポイントとしては，ボリュームを意識する
ことが挙げられる。会議室の一番奥にいる人に声が
届くように意識することで，声のボリュームはコント
ロールされていく。

Point

コミュニケーションとは「伝達」すること。どのようなことも，適当に伝
えるのではなく，伝えるべきことがきちんと相手に届くことが大切になる。
そのためには，はっきりと，分かりやすく，丁寧に，心を込めて話すこと。
言葉だけでなく，表情やジェスチャーを加えることも有効。

いますぐデキる
カンタンTraining

Training 01

腹式呼吸で発声練習

- 「あえいうえおあお」と発声する
- 腹式呼吸は，胸部をなるべく動かさ ずに，息を吸うときにお腹や腰が膨 らむよう意識する呼吸法

Training 02

早口言葉にチャレンジ

おあやや
母親に
お謝り

- 「おあやや，母親に，お謝り」と早口で
- 口がすぼまった「お」と口が開いた 「あ」の発音に，変化をつけられる かがポイント

Training 03

ジェスチャーを有効活用

- 腰より上でジェスチャーをする
- 体から離した位置に手をもっていく
- ジェスチャーをしたら戻すところを さだめておく

身だしなみはその人自身を表すもの。身だしなみの基本について，ポイントを確認しよう。

清潔感,さわやかさを醸し出せるようにしよう

プロの企業人にふさわしい身だしなみを

信頼感，安心感をもたれる身だしなみを考えよう。TPOに合わせた服装は，すなわち“礼”を表している。そして，身だしなみには，「清潔感」,「品のよさ」,「控え目である」という，3つのポイントがある。

Point

相手との心理的な距離や物理的な距離が遠ければ，コミュニケーションは成立しにくくなる。見た目が不潔では誰も近付いてこない。身だしなみが清潔であること，爽やかであることは相手との距離を縮めることにも繋がる。

いますぐデキる

カンタンTraining

Training 01

髪型，服装を整えよう

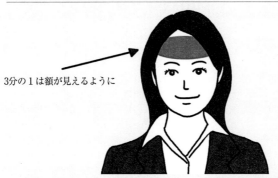

3分の1は額が見えるように

- 男性も女性も眉が見える髪型が望ましい。3分の1は額が見えるように。額は知性と清潔感を伝える場所。男性の髪の長さは耳や襟にかからないように
- スーツで相手の前に立つときは，ボタンはすべて留める。男性の場合は下のボタンは外す

Training 02

おしゃれとの違いを明確に

- 爪はできるだけ切りそろえる
- 爪の中の汚れにも注意
- ジェルネイル，ネイルアートはNG

Training 03

足元にも気を配って

- 女性の場合はパンプス，男性の場合は黒の紐靴が望ましい
- 靴はこまめに汚れを落とし見栄えよく

姿勢にはその人の意欲が反映される。前向き，活動的な姿勢を表すにはどうしたらよいか，ポイントを確認しよう。

前向き,活動的な 姿勢を維持しよう

一直線と左右対称

正しい立ち姿として，耳，肩，腰，くるぶしを結んだ線が一直線に並んでいることが最大のポイントになる。そのラインが直線に近づくほど立ち姿がキレイに整っていることになる。また，"左右対称"というのもキレイな姿勢の要素のひとつになる。

Point

　姿勢は，身体と心の状態を反映するもの。そのため，良い姿勢でいることは，印象が清々しいだけでなく，健康で元気そうに見え，話しかけやすさにも繋がる。歩く姿勢，立つ姿勢，座る姿勢など，どの場面にも心身の健康状態が表れるもの。日頃から心身の健康状態に気を配り，フィジカルとメンタル両面の自己管理を心がけよう。

いますぐデキる
カンタンTraining

Training 01

キレイな歩き方を心がけよう

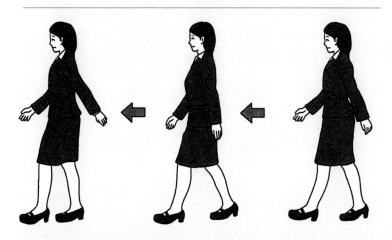

・女性は1本の線上を，男性はそれよりも太い線上を沿うように歩く
・一歩踏み出したときに前の足に体重を乗せるように，腰から動く
・12時の方向につま先をもっていく

Training 02

前向きな気持ちを持とう

・常に前向きな気持ちが姿勢を正す
・ポジティブ思考を心がけよう

言葉遣いの正しさはとは，場面にあった言葉を遣うということ。相手を気づかいながら，言葉を選ぶことで，より正しい言葉に近づいていく。

相手と場面に合わせた ふさわしい言葉遣いを

次の文は接客の場面でよくある間違えやすい敬語です。
それぞれの言い方は○×どちらでしょうか。

問1「資料をご拝読いただきありがとうございます」

問2「こちらのパンフレットはもういただかれましたか？」

問3「恐れ入りますが，こちらの用紙にご記入してください」

問4「申し訳ございませんが，来週，休ませていただきます」

問5「先ほどの件，帰りましたら上司にご報告いたしますので」

Point

ビジネスのシーンに敬語は欠くことができない。何度もやり取りをしていく中で，親しさの度合いによっては，あえてくだけた表現を用いることもあるが，「親しき仲にも礼儀あり」と言われるように，敬意や心づかいをおろそかにしてはいけないもの。相手に誤解されたり，相手の気分を壊すことのないように，相手や場面にふさわしい言葉遣いが大切になる。

■ 解答と解説

問1 （×）　○正しい言い換え例

→「ご覧いただきありがとうございます」など

　「拝読」は自分が「読む」意味の謙譲語なので，相手の行為に使うのは誤り。読むと見るは同義なため，多く，見るの尊敬語「ご覧になる」が用いられる。

問2 （×）　○正しい言い換え例

→「お持ちですか」「お渡ししましたでしょうか」　など

　「いただく」は，食べる・飲む・もらうの謙譲語。「もらったかどうか」と聞きたいのだから，「おもらいになりましたか」と言えないこともないが，持っているかどうか，受け取ったかどうかという意味で「お持ちですか」などが使われることが多い。また，自分側が渡すような場合は，「お渡しする」を使って「お渡ししましたでしょうか」などの言い方に換えることもできる。

問3 （×）　○正しい言い換え例

→「恐れ入りますが，こちらの用紙にご記入ください」など

　「ご記入する」の「お（ご）〜する」は謙譲語の形。相手の行為を謙譲語で表すことになるため誤り。「して」を取り除いて「ご記入ください」か，和語に言い換えて「お書きください」とする。ほかにも「お書き／ご記入・いただけますでしょうか・願います」などの表現もある。

問4 （△）

　有給休暇を取る場合や，弔事等で休むような場面で，用いられることも多い。「休ませていただく」ということで一見丁寧に響くが，「来週休むと自分で休みを決めている」という勝手な表現にも受け取られかねない言葉だ。ここは同じ「させていただく」を用いても，相手の都合をうかがう言い方に換えて「○○がございまして，申し訳ございませんが，休みをいただいてもよろしいでしょうか」などの言い換えが好ましい。

問5 （×）○正しい言い換え例

→「上司に報告いたします」

　「ご報告いたします」は，ソトの人との会話で使うとするならば誤り。「ご報告いたします」の「お・ご〜いたす」は，「お・ご〜する」と「〜いたす」という2つの敬語を含む言葉。そのうちの「お・ご〜する」は，主語である自分を低めて相手＝上司を高める働きをもつ表現（謙譲語Ⅰ）。一方「〜いたす」は，主語の私を低めて，話の聞き手に対して丁重に述べる働きをもつ表現（謙譲語Ⅱ　丁重語）。「お・ご〜する」も「〜いたす」も同じ謙譲語であるため紛らわしいが，主語を低める（謙譲）という働きは同じでも，行為の相手を高める働きがあるかないかという点に違いがあるといえる。

敬語は正しく使用することで，相手の印象を大きく変えることができる。尊敬語，謙譲語の区別をはっきりつけて，誤った用法で話すことのないように気をつけよう。

言葉の使い方が
マナーを表す!

■よく使われる尊敬語の形　「言う・話す・説明する」の例

専用の尊敬語型	おっしゃる
〜れる・〜られる型	言われる・話される・説明される
お（ご）〜になる型	お話しになる・ご説明になる
お（ご）〜なさる型	お話しなさる・ご説明なさる

■よく使われる謙譲語の形　「言う・話す・説明する」の例

専用の謙譲語型	申す・申し上げる
お（ご）〜する型	お話しする・ご説明する
お（ご）〜いたす型	お話しいたします・ご説明いたします

Point

　同じ尊敬語・謙譲語でも，よく使われる代表的な形がある。ここではその一例をあげてみた。敬語の使い方に迷ったときなどは，まずはこの形を思い出すことで，大抵の語はこの型にはめ込むことができる。同じ言葉を用いたほうがよりわかりやすいといえるので，同義に使われる「言う・話す・説明する」を例に考えてみよう。

　ほかにも「お話しくださる」や「お話しいただく」「お元気でいらっしゃる」などの形もあるが，まずは表の中の形を見直そう。

■よく使う動詞の尊敬語・謙譲語

なお，尊敬語の中の「言われる」などの「れる・られる」を付けた形は省力している。

基本	尊敬語（相手側）	謙譲語（自分側）
会う	お会いになる	お目にかかる・お会いする
言う	おっしゃる	申し上げる・申す
行く・来る	いらっしゃる おいでになる お見えになる お越しになる お出かけになる	伺う・参る お伺いする・参上する
いる	いらっしゃる・おいでになる	おる
思う	お思いになる	存じる
借りる	お借りになる	拝借する・お借りする
聞く	お聞きになる	拝聴する 拝聞する お伺いする・伺う お聞きする
知る	ご存じ（知っているという意で）	存じ上げる・存じる
する	なさる	いたす
食べる・飲む	召し上がる・お召し上がりになる お飲みになる	いただく・頂戴する
見る	ご覧になる	拝見する
読む	お読みになる	拝読する

「お伺いする」「お召し上がりになる」などは，「伺う」「召し上がる」自体が敬語なので「二重敬語」ですが，慣習として定着しており間違いではないもの。

上記の「敬語表」は，よく使うと思われる動詞をそれぞれ尊敬語・謙譲語で表したもの。このように大体の言葉は型にあてはめることができる。言葉の中には「お（ご）」が付かないものもあるが，その場合でも「〜なさる」を使って，「スピーチなさる」や「運営なさる」などと言うことができる。また，表では，「言う」の尊敬語「言われる」の例は省いているが，れる・られる型の「言われる」よりも「おっしゃる」「お話しになる」「お話しなさる」などの言い方のほうが，より敬意も高く，言葉としても何となく響きが落ち着くといった印象を受けるものとなる。

会話は相手があってのこと。いかなる場合でも，相手に対する心くばりを忘れないことが，会話をスムーズに進めるためのコツになる。

心くばりを添えるひと言で
言葉の印象が変わる!

　相手に何かを頼んだり，また相手の依頼を断ったり，相手の抗議に対して反論したりする場面では，いきなり自分の意見や用件を切り出すのではなく，場面に合わせて心くばりを伝えるひと言を添えてから本題に移ると，響きがやわらかくなり，こちらの意向も伝えやすくなる。俗にこれは「クッション言葉」と呼ばれている。（右表参照）

Point

　ビジネスの場面で，相手と話したり手紙やメールを送る際には，何か依頼事があってという場合が多いもの。その場合に「ちょっとお願いなんですが…」では，ふだんの会話と変わりがないものになってしまう。そこを「突然のお願いで恐れ入りますが」「急にご無理を申しまして」「こちらの勝手で恐縮に存じますが」「折り入ってお願いしたいことがございまして」などの一言を添えることで，直接的なきつい感じが和らぐだけでなく，「申し訳ないのだけれど，もしもそうしていただくことができればありがたい」という，相手への配慮や願いの気持ちがより強まる。このような前置きの言葉もうまく用いて，言葉に心くばりを添えよう。

相手の意向を尋ねる場合	「よろしければ」「お差し支えなければ」
	「ご都合がよろしければ」「もしお時間がありましたら」
	「もしお嫌いでなければ」「ご興味がおありでしたら」
相手に面倒を かけてしまうような場合	「お手数をおかけしますが」
	「ご面倒をおかけしますが」
	「お手を煩わせまして恐縮ですが」
	「お忙しい時に申し訳ございませんが」
	「お時間を割いていただき申し訳ありませんが」
	「貴重なお時間を頂戴し恐縮ですが」
自分の都合を 述べるような場合	「こちらの勝手で恐縮ですが」
	「こちらの都合（ばかり）で申し訳ないのですが」
	「私どもの都合ばかりを申しまして，まことに申し訳なく存じますが」
	「ご無理を申し上げまして恐縮ですが」
急な話をもちかけた場合	「突然のお願いで恐れ入りますが」
	「急にご無理を申しまして」
	「もっと早くにご相談申し上げるべきところでございましたが」
	「差し迫ってのことでまことに申し訳ございませんが」
何度もお願いする場合	「たびたびお手数をおかけしまして恐縮に存じますが」
	「重ね重ね恐縮に存じますが」
	「何度もお手を煩わせまして申し訳ございませんが」
	「ご面倒をおかけしてばかりで，まことに申し訳ございませんが」
難しいお願いをする場合	「ご無理を承知でお願いしたいのですが」
	「たいへん申し上げにくいのですが」
	「折り入ってお願いしたいことがございまして」
あまり親しくない相手に お願いする場合	「ぶしつけなお願いで恐縮ですが」
	「ぶしつけながら」
	「まことに厚かましいお願いでございますが」
相手の提案・誘いを断る場合	「申し訳ございませんが」
	「（まことに）残念ながら」
	「せっかくのご依頼ではございますが」
	「たいへん恐縮ですが」
	「身に余るお言葉ですが」
	「まことに失礼とは存じますが」
	「たいへん心苦しいのですが」
	「お引き受けしたいのはやまやまですが」
問い合わせの場合	「つかぬことをうかがいますが」
	「突然のお尋ねで恐縮ですが」

文章の書き方

ここでは文章の書き方における，一般的な敬称について言及している。はがき，手紙，メール等，通信手段はさまざま。それぞれの特性をふまえて有効活用しよう。

相手の気持ちになって
見やすく美しく書こう

■敬称のいろいろ

敬称	使う場面	例
様	職名・役職のない個人	（例）飯田知子様／ご担当者様／経理部長　佐藤一夫様
殿	職名・組織名・役職のある個人（公用文など）	（例）人事部長殿／教育委員会殿／田中四郎殿
先生	職名・役職のない個人	（例）松井裕子先生
御中	企業・団体・官公庁などの組織	（例）○○株式会社御中
各位	複数あてに同一文書を出すとき	（例）お客様各位／会員各位

Point

　封筒・はがきの表書き・裏書きは縦書きが基本だが，洋封筒で親しい人にあてる場合は，横書きでも問題ない。いずれにせよ，定まった位置に，丁寧な文字でバランス良く，正確に記すことが大切。特に相手の住所や名前を乱雑な文字で書くのは，配達の際の間違いを引き起こすだけでなく，受け取る側に不快な思いをさせる。相手の気持ちになって，見やすく美しく書くよう心がけよう。

■各通信手段の長所と短所

	長所	短所	用途
封書	・封を開けなければ本人以外の目に触れることがない。 ・丁寧な印象を受ける。	・多量の資料・画像送付には不向き。 ・相手に届くまで時間がかかる。	・儀礼的な文書（礼状・わび状など） ・目上の人あての文書 ・重要な書類 ・他人に内容を読まれたくない文書
はがき・カード	・封書よりも気軽にやり取りできる。 ・年賀状や季節の便り，旅先からの連絡など絵はがきとしても楽しむことができる。	・封に入っていないため，第三者の目に触れることがある。 ・中身が見えるので，改まった礼状やわび状，こみ入った内容には不向き。 ・相手に届くまで時間がかかる。	・通知状　　　・案内状 ・送り状　　　・旅先からの便り ・各種お祝い　・お礼 ・季節の挨拶
ＦＡＸ	・手書きの図やイラストを文章といっしょに送れる。 ・すぐに届く。 ・控えが手元に残る。	・多量の資料の送付には不向き。 ・事務的な用途で使われることが多く，改まった内容の文書，初対面の人へは不向き。	・地図，イラストの入った文書 ・印刷物（本・雑誌など）
電話	・急ぎの連絡に便利。 ・相手の反応をすぐに確認できる。 ・直接声が聞けるので,安心感がある。	・連絡できる時間帯が制限される。 ・長々としたこみ入った内容は伝えづらい。	・緊急の用件 ・確実に用件を伝えたいとき
メール	・瞬時に届く。　・控えが残る。 ・コストが安い。 ・大容量の資料や画像をデータで送ることができる。 ・一度に大勢の人に送ることができる。 ・相手の居場所や状況を気にせず送れる。	・事務的な印象を与えるので，改まった礼状やわび状には不向き。 ・パソコンや携帯電話を持っていない人には送れない。 ・ウィルスなどへの対応が必要。	・データで送りたいとき ・ビジネス上の連絡

─◖Point◗─

　はがきは手軽で便利だが，おわびやお願い，格式を重んじる手紙には不向きとなる。この種の手紙は内容もこみ入ったものとなり，加えて丁寧な文章で書かなければならないので，数行で済むことはまず考えられない。また，封筒に入っていないため，他人の目に触れるという難点もある。このように，はがきにも長所と短所があるため，使う場面や相手によって，他の通信手段と使い分けることが必要となる。

　はがき以外にも，封書・電話・ＦＡＸ・メールなど，現代ではさまざまな通信手段がある。上に示したように，それぞれ長所と短所があるので，特徴を知って用途によって上手に使い分けよう。

社会人のマナーとして，電話応対のスキルは必要不可欠。まずは失礼なく電話に出ることからはじめよう。積極性が重要だ。

相手の顔が見えない分
対応には細心の注意を

■電話をかける場合

① ○○先生に電話をする

× 「私，□□社の××と言いますが，○○様はおられますでしょうか？」
○ 「××と申しますが，○○様はいらっしゃいますか？」

「おられますか」は「おる」を謙譲語として使うため，通常は相手がいるかどうかに関しては，「いらっしゃる」を使うのが一般的。

② 相手の状況を確かめる

× 「こんにちは，××です，先日のですね…」
○ 「××です，先日は有り難うございました，今お時間よろしいでしょうか？」

相手が忙しくないかどうか，状況を聞いてから話を始めるのがマナー。また，やむを得ず夜間や早朝，休日などに電話をかける際は，「夜分（朝早く）に申し訳ございません」「お休みのところ恐れ入ります」などのお詫びの言葉もひと言添えて話す。

③ 相手が不在，何時ごろ戻るかを聞く場合

× 「戻りは何時ごろですか？」
○ 「何時ごろお戻りになりますでしょうか？」

「戻り」はそのままの言い方，相手にはきちんと尊敬語を使う。

④ また自分からかけることを伝える

× 「そうですか，ではまたかけますので」
○ 「それではまた後ほど（改めて）お電話させていただきます」

戻る時間がわかる場合は，「またお戻りになりましたころにでも」「また午後にでも」などの表現もできる。

■電話を受ける場合

① 電話を取ったら

× 「はい，もしもし，○○（社名）ですが」

○ **「はい，○○（社名）でございます」**

② 相手の名前を聞いて

× 「どうも，どうも」

○ **「いつもお世話になっております」**

　あいさつ言葉として定着している決まり文句ではあるが，日頃のお付き合いがあってこそ。あいさつ言葉もきちんと述べよう。「お世話様」という言葉も時折耳にするが，敬意が軽い言い方となる。適切な言葉を使い分けよう。

③ 相手が名乗らない

× 「どなたですか？」「どちらさまですか？」

○ **「失礼ですが，お名前をうかがってもよろしいでしょうか？」**

　名乗るのが基本だが，尋ねる態度も失礼にならないように適切な応対を心がけよう。

④ 電話番号や住所を教えてほしいと言われた場合

× 「はい，いいでしょうか？」　　× 「メモのご用意は？」

○ **「はい，申し上げます，よろしいでしょうか？」**

　「メモのご用意は？」は，一見親切なようにも聞こえるが，尋ねる相手も用意していることがほとんど。押し付けがましくならない程度に。

⑤ 上司への取次を頼まれた場合

× 「はい，今代わります」　　× 「○○部長ですね，お待ちください」

○ **「部長の○○でございますね，ただいま代わりますので，少々お待ちくださいませ」**

　○○部長という表現は，相手側の言い方となる。自分側を述べる場合は，「部長の○○」「○○」が適切。

─Point─

　自分から電話をかける場合は，まずは自分の会社名や氏名を名乗るのがマナー。たとえ目的の相手が直接出た場合でも，電話では相手の様子が見えないことがほとんど。自分の勝手な判断で話し始めるのではなく，相手の都合を伺い，そのうえで話を始めるのが社会人として必要な気配りとなる。

デキるオトナをアピール
時候の挨拶

月	漢語調の表現 候，みぎりなどを付けて用いられます	口語調の表現
1月 (睦月)	初春・新春　頌春・小寒・大寒・厳寒	皆様におかれましては，よき初春をお迎えのことと存じます／厳しい寒さが続いております／珍しく暖かな寒の入りとなりました／大寒という言葉通りの厳しい寒さでございます
2月 (如月)	春寒・余寒・残寒・立春・梅花・向春	立春とは名ばかりの寒さ厳しい毎日でございます／梅の花もちらほらとふくらみ始め，春の訪れを感じる今日この頃です／春の訪れが待ち遠しいこのごろでございます
3月 (弥生)	早春・浅春・春寒・春分・春暖	寒さもようやくゆるみ，日ましに春めいてまいりました／ひと雨ごとに春めいてまいりました／日増しに暖かさが加わってまいりました
4月 (卯月)	春暖・陽春・桜花・桜花爛漫	桜花爛漫の季節を迎えました／春光うららかな好季節となりました／花冷えとでも申しましょうか，何だか肌寒い日が続いております
5月 (皐月)	新緑・薫風・惜春・晩春・立夏・若葉	風薫るさわやかな季節を迎えました／木々の緑が目にまぶしいようでございます／目に青葉，山ほととぎす，初鰹の句も思い出される季節となりました
6月 (水無月)	梅雨・向暑・初夏・薄暑・麦秋	初夏の風もさわやかな毎日でございます／梅雨前線が近づいてまいりました／梅雨の晴れ間にのぞく青空は，まさに夏を思わせるようです
7月 (文月)	盛夏・大暑・炎暑・酷暑・猛暑	梅雨が明けたとたん，うだるような暑さが続いております／長い梅雨も明け，いよいよ本格的な夏がやってまいりました／風鈴の音がわずかに涼を運んでくれているようです
8月 (葉月)	残暑・晩夏・処暑・秋暑	立秋とはほんとうに名ばかりの厳しい暑さの毎日です／残暑たえがたい毎日でございます／朝夕はいくらかしのぎやすくなってまいりました
9月 (長月)	初秋・新秋・爽秋・新涼・清涼	九月に入りましてもなお，日差しの強い毎日です／暑さもやっとおとろえはじめたようでございます／残暑も去り，ずいぶんとしのぎやすくなってまいりました
10月 (神無月)	清秋・錦秋・秋涼・秋冷・寒露	秋風もさわやかな過ごしやすい季節となりました／街路樹の葉も日ごとに色を増しております／紅葉の便りの聞かれるころとなりました／秋深く，日増しに冷気も加わってまいりました
11月 (霜月)	晩秋・暮秋・霜降・初霜・向寒	立冬を迎え，まさに冬到来を感じる寒さです／木枯らしの季節になりました／日ごとに冷気が増すようでございます／朝夕はひときわ冷え込むようになりました
12月 (師走)	寒冷・初冬・師走・歳晩	師走を迎え，何かと慌ただしい日々をお過ごしのことと存じます／年の瀬も押しつまり，何かとお忙しくお過ごしのことと存じます／今年も残すところわずかとなりました，お忙しい毎日とお察しいたします

いますぐデキる
シチュエーション別会話例

シチュエーション1　　取引先との会話

「非常に素晴らしいお話で感心しました」→NG！

　「感心する」は相手の立派な行為や，優れた技量などに心を動かされるという意味。意味としては間違いではないが，目上の人に用いると，偉そうに聞こえかねない表現。「感動しました」などに言い換えるほうが好ましい。

シチュエーション2　　子どもとの会話

「お母さんは，明日はいますか？」→NG！

　たとえ子どもとの会話でも，子どもの年齢によっては，ある程度の敬語を使うほうが好ましい。「明日はいらっしゃいますか」では，むずかしすぎると感じるならば，「お出かけですか」などと表現することもできる。

シチュエーション3　　同僚との会話

「今，お暇ですか」→NG？

　同じ立場同士なので，暇に「お」が付いた形で「お暇」ぐらいでも構わないともいえるが，「暇」というのは，するべきことも何もない時間という意味。そのため「お暇ですか」では，あまりにも直接的になってしまう。その意味では「手が空いている」→「空いていらっしゃる」→「お手透き」などに言い換えることで，やわらかく敬意も含んだ表現になる。

シチュエーション4　　上司との会話

「なるほどですね」→NG！

　「なるほど」とは，相手の言葉を受けて，自分も同意見であることを表すため，相手の言葉・意見を自分が評価するというニュアンスも含まれている。そのため自分が評価して述べているという偉そうな表現にもなりかねない。同じ同意ならば，頷き「おっしゃる通りです」などの言葉のほうが誤解なく伝わる。

就活スケジュールシート

■年間スケジュールシート

1月	2月	3月	4月	5月	6月
企業関連スケジュール					
自己の行動計画					

就職活動をすすめるうえで，当然重要になってくるのは，自己のスケジュール管理だ。企業の選考スケジュールを把握することも大切だが，自分のペースで進めることになる自己分析や業界・企業研究，面接試験のトレーニング等の計画を立てることも忘れてはいけない。スケジュールシートに「記入」する作業を通して，短期・長期の両方の面から就職試験を考えるきっかけにしよう。

7月	8月	9月	10月	11月	12月
企業関連スケジュール					
自己の行動計画					

第4章

SPI対策

ほとんどの企業では，基本的な資質や能力を見極めるため適性検査を実施しており，現在最も使われているのがリクルートが開発した「SPI」である。

テストの内容は，「言語能力」「非言語能力」「性格」の3つに分かれている。その人がどんな人物で，どんな仕事で力を発揮しやすいのか，また，どんな組織になじみやすいかなどを把握するために行われる。

この章では，SPIの「言語能力」及び「非言語能力」の分野で，頻出内容を絞って，演習問題を構成している。

演習問題に複数回チャレンジし，解説をしっかりと熟読して，学習効果を高めよう。

SPI 対策

● SPIとは

　SPIは，Synthetic Personality Inventoryの略称で，株式会社リクルートが開発・販売を行っている就職採用向けのテストである。昭和49年から提供が始まり，平成14年と平成25年の2回改訂が行われ，現在はSPI3が最新になる。

　SPIは，応募者の仕事に対する適性，職業の適性能力，興味や関心を見極めるのに適しており，現在の就職採用テストでは主流となっている。

　SPIは，「知的能力検査」と「性格検査」の2領域にわけて測定され，知的能力検査は「言語能力検査（国語）」と「非言語能力検査（数学）」に分かれている。オプション検査として，「英語（ENG）検査」を実施することもある。性格適性検査では，性格を細かく分析するために，非常に多くの質問が出される。SPIの性格適性検査では，正式な回答はなく，全ての質問に正直に答えることが重要である。

　本章では，その中から，「言語能力検査」と「非言語能力検査」に絞って収録している。

● SPIを利用する企業の目的

①：志望者から人数を絞る

　一部上場企業にもなると，数万単位の希望者が応募してくる。基本的な資質能力や会社への適性能力を見極めるため，SPIを使って，人数の絞り込みを行う。

②：知的能力を見極める

　SPIは，応募者1人1人の基本的な知的能力を比較することができ，それによって，受検者の相対的な知的能力を見極めることが可能になる。

③：性格をチェックする

　その職種に対する適性があるが，300程度の簡単な質問によって発想力やパーソナリティを見ていく。性格検査なので，正解というものはなく，正直に回答していくことが重要である。

●SPIの受検形式

　SPIは，企業の会社説明会や会場で実施される「ペーパーテスト形式」と，パソコンを使った「テストセンター形式」とがある。

　近年，ペーパーテスト形式は減少しており，ほとんどの企業が，パソコンを使ったテストセンター形式を採用している。志望する企業がどのようなテストを採用しているか，早めに確認し，対策を立てておくこと。

●SPIの出題形式

　SPIは，言語分野，非言語分野，英語（ENG），性格適性検査に出題形式が分かれている。

科目	出題範囲・内容
言語分野	二語の関係，語句の意味，語句の用法，文の並び換え，空欄補充，熟語の成り立ち，文節の並び換え，長文読解　等
非言語分野	推論，場合の数，確率，集合，損益算，速度算，表の読み取り，資料の読み取り，長文読み取り　等
英語（ENG）	同意語，反意語，空欄補充，英英辞書，誤文訂正，和文英訳，長文読解　等
性格適性検査	質問：300問程度　時間：約35分

●受検対策

　本章では，出題が予想される問題を厳選して収録している。問題と解答だけではなく，詳細な解説も収録しているので，分からないところは複数回問題を解いてみよう。

言語分野

二語関係

同音異義語

●あいせき
哀惜　死を悲しみ惜しむこと
愛惜　惜しみ大切にすること

●いぎ
意義　意味・内容・価値
異議　他人と違う意見
威儀　いかめしい挙動
異義　異なった意味

●いし
意志　何かをする積極的な気持ち
意思　しようとする思い・考え

●いどう
異同　異なり・違い・差
移動　場所を移ること
異動　地位・勤務の変更

●かいこ
懐古　昔を懐かしく思うこと
回顧　過去を振り返ること
解雇　仕事を辞めさせること

●かいてい
改訂　内容を改め直すこと
改定　改めて定めること

●かんしん
関心　気にかかること
感心　心に強く感じること
歓心　嬉しいと思う心

寒心　肝を冷やすこと

●きてい
規定　規則・定め
規程　官公庁などの規則

●けんとう
見当　だいたいの推測・判断・
　　　めあて
検討　調べ究めること

●こうてい
工程　作業の順序
行程　距離・みちのり

●じき
直　すぐに
時期　時・折り・季節
時季　季節・時節
時機　適切な機会

●しゅし
趣旨　趣意・理由・目的
主旨　中心的な意味

●たいけい
体型　人の体格
体形　人や動物の形態
体系　ある原理に基づき個々のも
　　　のを統一したもの
大系　系統立ててまとめた叢書

●たいしょう

対象　行為や活動が向けられる相手

対称　対応する位置にあること

対照　他のものと照らし合わせること

●たんせい

端正　人の行状が正しくきちんとしているさま

端整　人の容姿が整っているさま

●はんざつ

繁雑　ごたごたと込み入ること

煩雑　煩わしく込み入ること

●ほしょう

保障　保護して守ること

保証　確かだと請け合うこと

補償　損害を補い償うこと

●むち

無知　知識・学問がないこと

無恥　恥を知らないこと

●ようけん

要件　必要なこと

用件　なすべき仕事

同訓漢字

●あう

合う…好みに合う。答えが合う。

会う…客人と会う。立ち会う。

遭う…事故に遭う。盗難に遭う。

●あげる

上げる…プレゼントを上げる。効果を上げる。

挙げる…手を挙げる。全力を挙げる。

揚げる…凧を揚げる。てんぷらを揚げる。

●あつい

暑い…夏は暑い。暑い部屋。

熱い…熱いお湯。熱い視線を送る。

厚い…厚い紙。面の皮が厚い。

篤い…志の篤い人。篤い信仰。

●うつす

写す…写真を写す。文章を写す。

映す…映画をスクリーンに映す。鏡に姿を映す。

●おかす

冒す…危険を冒す。病に冒された人。

犯す…犯罪を犯す。法律を犯す。

侵す…領空を侵す。プライバシーを侵す。

●おさめる

治める…領地を治める。水を治める。

収める…利益を収める。争いを収める。

修める…学問を修める。身を修める。

納める…税金を納める。品物を納める。

●かえる

変える…世界を変える。性格を変える。

代える…役割を代える。背に腹は代えられぬ。

替える…円をドルに替える。服を
　　　　替える。

●きく
聞く…うわさ話を聞く。明日の天
　　　　気を聞く。
聴く…音楽を聴く。講義を聴く。

●しめる
閉める…門を閉める。ドアを閉め
　　　　る。
締める…ネクタイを締める。気を
　　　　引き締める。
絞める…首を絞める。絞め技をか
　　　　ける。

●すすめる
進める…足を進める。話を進める。
勧める…縁談を勧める。加入を勧
　　　　める。
薦める…生徒会長に薦める。

●つく
付く…傷が付いた眼鏡。気が付く。
着く…待ち合わせ場所の公園に着
　　　　く。地に足が着く。

就く…仕事に就く。外野の守備に
　　　　就く。

●つとめる
務める…日本代表を務める。主役
　　　　を務める。
努める…問題解決に努める。療養
　　　　に努める。
勤める…大学に勤める。会社に勤
　　　　める。

●のぞむ
望む…自分の望んだ夢を追いかけ
　　　　る。
臨む…記者会見に臨む。決勝に臨
　　　　む。

●はかる
計る…時間を計る。将来を計る。
測る…飛行距離を測る。水深を測
　　　　る。

●みる
見る…月を見る。ライオンを見る。
診る…患者を診る。脈を診る。

演習問題

1　カタカナで記した部分の漢字として適切なものはどれか。
　1　手続きがハンザツだ　　　　　　　　【汎雑】
　2　誤りをカンカすることはできない　　【観過】
　3　ゲキヤクなので取扱いに注意する　　【激薬】
　4　クジュウに満ちた選択だった　　　　【苦重】
　5　キセイの基準に従う　　　　　　　　【既成】

2 下線部の漢字として適切なものはどれか。

家で飼っている熱帯魚をかんしょうする。

1 干渉
2 観賞
3 感傷
4 勧奨
5 鑑賞

3 下線部の漢字として適切なものはどれか。

彼に責任をついきゅうする。

1 追窮
2 追究
3 追給
4 追求
5 追及

4 下線部の語句について，両方とも正しい表記をしているものはどれか。

1 私と母とは相生がいい。　・この歌を愛唱している。
2 それは規成の事実である。　・既製品を買ってくる。
3 同音異義語を見つける。　・会議で意議を申し立てる。
4 選挙の大勢が決まる。　・作曲家として大成する。
5 無常の喜びを味わう。　・無情にも雨が降る。

5 下線部の漢字として適切なものはどれか。

彼の体調はかいほうに向かっている。

1 介抱
2 快方
3 解放
4 回報
5 開放

1 5

解説 1 「煩雑」が正しい。「汎」は「汎用(はんよう)」などと使う。2 「看過」が正しい。「観」は「観光」や「観察」などと使う。 3 「劇薬」が正しい。「少量の使用であってもはげしい作用のするもの」という意味であるが「激」を使わないことに注意する。 4 「苦渋」が正しい。苦しみ悩むという意味で，「苦悩」と同意であると考えてよい。 5 「既成概念」などと使う場合もある。同音で「既製」という言葉があるが，これは「既製服」や「既製品」という言葉で用いる。

2 2

解説 同音異義語や同訓異字の問題は，その漢字を知っているだけでは対処できない。「植物や魚などの美しいものを見て楽しむ」場合は「観賞」を用いる。なお，「芸術作品」に関する場合は「鑑賞」を用いる。

3 5

解説 「ついきゅう」は，特に「追究」「追求」「追及」が頻出である。「追究」は「あることについて徹底的に明らかにしようとすること」，「追求」は「あるものを手に入れようとすること」，「追及」は「後から厳しく調べること」という意味である。ここでは，「責任」という言葉の後にあるので，「厳しく」という意味が含まれている「追及」が適切である。

4 4

解説 1の「相生」は「相性」，2の「規成」は「既成」，3の「意議」は「異議」，5の「無常」は「無上」が正しい。

5 2

解説 「快方」は「よい方向に向かっている」という意味である。なお，1は病気の人の世話をすること，3は束縛を解いて自由にすること，4は複数人で回し読む文書，5は出入り自由として開け放つ，の意味。

四字熟語

□曖昧模糊　あいまいもこ―はっきりしないこと。

□阿鼻叫喚　あびきょうかん―苦しみに耐えられないで泣き叫ぶこと。は
　　　　　　なはだしい惨状を形容する語。

□暗中模索　あんちゅうもさく―暗闇で手さぐりでものを探すこと。様子
　　　　　　がつかめずどうすればよいかわからないままやってみるこ
　　　　　　と。

□以心伝心　いしんでんしん―無言のうちに心から心に意思が通じ合うこ
　　　　　　と。

□一言居士　いちげんこじ―何事についても自分の意見を言わなければ気
　　　　　　のすまない人。

□一期一会　いちごいちえ――生のうち一度だけの機会。

□一日千秋　いちじつせんしゅう――日会わなければ千年も会わないよう
　　　　　　に感じられることから，一日が非常に長く感じられること。

□一念発起　いちねんほっき―決心して信仰の道に入ること。転じてある
　　　　　　事を成就させるために決心すること。

□一網打尽　いちもうだじん――網打つだけで多くの魚を捕らえることか
　　　　　　ら，一度に全部捕らえること。

□一獲千金　いっかくせんきん――時にたやすく莫大な利益を得ること。

□一挙両得　いっきょりょうとく――つの行動で二つの利益を得ること。

□意馬心猿　いばしんえん―馬が走り，猿が騒ぐのを抑制できないことに
　　　　　　たとえ，煩悩や欲望の抑えられないさま。

□意味深長　いみしんちょう―意味が深く含蓄のあること。

□因果応報　いんがおうほう―よい行いにはよい報いが，悪い行いには悪
　　　　　　い報いがあり，因と果とは相応じるものであるということ。

□慇懃無礼　いんぎんぶれい―うわべはあくまでも丁寧だが，実は尊大で
　　　　　　あること。

□有為転変　ういてんぺん―世の中の物事の移りやすくはかない様子のこ
　　　　　　と。

□右往左往　うおうさおう―多くの人が秩序もなく動き，あっちへ行った
　　　　　　りこっちへ来たり，混乱すること。

□右顧左眄　うこさべん―右を見たり，左を見たり，周囲の様子ばかりうかがっていて決断しないこと。

□有象無象　うぞうむぞう―世の中の無形有形の一切のもの。たくさん集まったつまらない人々。

□海千山千　うみせんやません―経験を積み，その世界の裏まで知り抜いている老獪な人。

□紆余曲折　うよきょくせつ―まがりくねっていること。事情が込み入って，状況がいろいろ変化すること。

□雲散霧消　うんさんむしょう―雲や霧が消えるように，あとかたもなく消えること。

□栄枯盛衰　えいこせいすい―草木が繁り，枯れていくように，盛んになったり衰えたりすること。世の中の浮き沈みのこと。

□栄耀栄華　えいようえいが―権力や富貴をきわめ，おごりたかぶること。

□会者定離　えしゃじょうり―会う者は必ず離れる運命をもつということ。人生の無常を説いたことば。

□岡目八目　おかめはちもく―局外に立ち，第三者の立場で物事を観察すると，その是非や損失がよくわかるということ。

□温故知新　おんこちしん―古い事柄を究め新しい知識や見解を得ること。

□臥薪嘗胆　がしんしょうたん―たきぎの中に寝，きもをなめる意で，目的を達成するのために苦心，苦労を重ねること。

□花鳥風月　かちょうふうげつ―自然界の美しい風景，風雅のこころ。

□我田引水　がでんいんすい―自分の利益となるように発言したり行動したりすること。

□画竜点睛　がりょうてんせい―竜を描いて最後にひとみを描き加えたところ，天に上ったという故事から，物事を完成させるために最後に付け加える大切な仕上げ。

□夏炉冬扇　かろとうせん―夏の火鉢，冬の扇のようにその場に必要のない事物。

□危急存亡　ききゅうそんぼう―危機が迫ってこのまま生き残れるか滅びるかの瀬戸際。

□疑心暗鬼　ぎしんあんき―心の疑いが妄想を引き起こして実際にはいない鬼の姿が見えるようになることから，疑心が起こると何で

もないことまで恐ろしくなること。

□玉石混交　ぎょくせきこんこう─すぐれたものとそうでないものが入り混じっていること。

□荒唐無稽　こうとうむけい─言葉や考えによりどころがなく，とりとめもないこと。

□五里霧中　ごりむちゅう─迷って考えの定まらないこと。

□針小棒大　しんしょうぼうだい─物事を大袈裟にいうこと。

□大同小異　だいどうしょうい─細部は異なっているが総体的には同じであること。

□馬耳東風　ばじとうふう─人の意見や批評を全く気にかけず聞き流すこと。

□波瀾万丈　はらんばんじょう─さまざまな事件が次々と起き，変化に富むこと。

□付和雷同　ふわらいどう──一定の見識がなくただ人の説にわけもなく賛同すること。

□粉骨砕身　ふんこつさいしん─力の限り努力すること。

□羊頭狗肉　ようとうくにく─外見は立派だが内容がともなわないこと。

□竜頭蛇尾　りゅうとうだび─初めは勢いがさかんだが最後はふるわないこと。

□臨機応変　りんきおうへん─時と場所に応じて適当な処置をとること。

演習問題

1 「海千山千」の意味として適切なものはどれか。
1　様々な経験を積み，世間の表裏を知り尽くしてずる賢いこと
2　今までに例がなく，これからもあり得ないような非常に珍しいこと
3　人をだまし丸め込む手段や技巧のこと
4　一人で千人の敵を相手にできるほど強いこと
5　広くて果てしないこと

2 四字熟語として適切なものはどれか。
1 竜頭堕尾
2 沈思黙考
3 孟母断危
4 理路正然
5 猪突猛伸

3 四字熟語の漢字の使い方がすべて正しいものはどれか。
1 純真無垢　　青天白日　　疑心暗鬼
2 短刀直入　　自我自賛　　危機一髪
3 厚顔無知　　思考錯誤　　言語同断
4 異句同音　　一鳥一石　　好機当来
5 意味深長　　興味深々　　五里霧中

4 「一蓮托生」の意味として適切なものはどれか。
1 一味の者を一度で全部つかまえること。
2 物事が順調に進行すること。
3 ほかの事に注意をそらさず，一つの事に心を集中させているさま。
4 善くても悪くても行動・運命をともにすること。
5 妥当なものはない。

5 故事成語の意味で適切なものはどれか。
「塞翁(さいおう)が馬」
1 たいして差がない
2 幸不幸は予測できない
3 肝心なものが欠けている
4 実行してみれば意外と簡単
5 努力がすべてむだに終わる

○○○解答・解説○○○

1 1

解説 2は「空前絶後」，3は「手練手管」，4は「一騎当千」，5は「広大無辺」である。

2 2

解説 2の沈思黙考は，「思いにしずむこと。深く考えこむこと。」の意味である。なお，1は竜頭蛇尾（始めは勢いが盛んでも，終わりにはふるわないこと），3は孟母断機（孟子の母が織りかけの織布を断って，学問を中途でやめれば，この断機と同じであると戒めた譬え），4は理路整然（話や議論の筋道が整っていること），5は猪突猛進（いのししのように向こう見ずに一直線に進むこと）が正しい。

3 1

解説 2は「単刀直入」「自画自賛」，3は「厚顔無恥」「試行錯誤」「言語道断」，4は「異口同音」「一朝一夕」「好機到来」，5は「興味津々」が正しい。四字熟語の意味を理解する際，どのような字で書かれているかを意識するとよい。

4 4

解説 「一蓮托生」は，よい行いをした者は天国に行き，同じ蓮の花の上に生まれ変わるという仏教の教えから，「（ことの善悪にかかわらず）仲間として行動や運命をともにすること」をいう。

5 2

解説 「塞翁が馬」は「人間万事塞翁が馬」と表す場合もある。1は「五十歩百歩」，3は「画竜点睛に欠く」，4は「案ずるより産むが易し」，5は「水泡に帰する」の故事成語の意味である。

語の使い方

文法

Ⅰ 品詞の種類

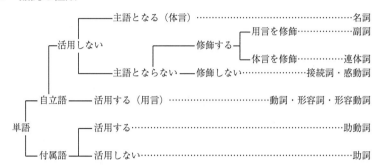

```
                    ┌── 主語となる（体言）…………………………………………… 名詞
                    │                        ┌── 用言を修飾……………… 副詞
          ┌── 活用しない           ┌── 修飾する─┤
          │          │           │        └── 体言を修飾………… 連体詞
          │          └── 主語とならない ── 修飾しない………………… 接続詞・感動詞
     ┌── 自立語── 活用する（用言）………………………………… 動詞・形容詞・形容動詞
     │
  単語┤          ┌── 活用する…………………………………………………………… 助動詞
     └── 付属語──┤
                └── 活用しない………………………………………………………… 助詞
```

Ⅱ 動詞の活用形

活用	基本	語幹	未然	連用	終止	連体	仮定	命令
五段	読む	読	ま　も	み	む	む	め	め
上一段	見る	見	み	み	みる	みる	みれ	みよ
下一段	捨てる	捨	て	て	てる	てる	てれ	てよ　てろ
カ変	来る	来	こ	き	くる	くる	くれ	こい
サ変	する	す	さ　し　せ	し	する	する	すれ	せよ　しろ
	主な接続語		ナイ　ウ・ヨウ	マス　テ・タ	言い切る	コト　トキ	バ	命令

Ⅲ 形容詞の活用形

基本	語幹	未然	連用	終止	連体	仮定	命令
美しい	うつくし	かろ	かっ　く	い	い	けれ	○
主な用法		ウ	ナル　タ	言い切る	体言	バ	

Ⅳ 形容動詞の活用形

基本	語幹	未然	連用	終止	連体	仮定	命令
静かだ	静か	だろ	だっ　で　に	だ	な	なら	○
主な用法		ウ	タ　アル　ナル	言い切る	体言	バ	

Ⅴ 文の成分

主語・述語の関係………花が — 咲いた。

修飾・被修飾の関係……きれいな — 花。

接続の関係………………花が咲いたので，花見をした。

並立の関係………………赤い花と白い花。

補助の関係………………花が咲いている。（二文節で述語となっている）

〈副詞〉自立語で活用せず，単独で文節を作り，多く連用修飾語を作る。

状態を表すもの…………ついに・さっそく・しばらく・ぴったり・すっかり

程度を表すもの…………もっと・すこし・ずいぶん・ちょっと・ずっと

陳述の副詞………………決して〜ない・なぜ〜か・たぶん〜だろう・もし〜ば

〈助動詞〉付属語で活用し，主として用言や他の助動詞について意味を添える。

① 使役……せる・させる（学校に行かせる　服を着させる）

② 受身……れる・られる（先生に怒られる　人に見られる）

③ 可能……れる・られる（歩いて行かれる距離　まだ着られる服）

④ 自発……れる・られる（ふと思い出される　容態が案じられる）

⑤ 尊敬……れる・られる（先生が話される　先生が来られる）

⑥ 過去・完了……た（話を聞いた　公園で遊んだ）

⑦ 打消……ない・ぬ（僕は知らない　知らぬ存ぜぬ）

⑧ 推量……だろう・そうだ（晴れるだろう　晴れそうだ）

⑨ 意志……う・よう（旅行に行こう　彼女に告白しよう）

⑩ 様態……そうだ（雨が降りそうだ）

⑪ 希望……たい・たがる（いっぱい遊びたい　おもちゃを欲しがる）

⑫ 断定……だ（悪いのは相手の方だ）

⑬ 伝聞……そうだ（試験に合格したそうだ）

⑭ 推定……らしい（明日は雨らしい）

⑮ 丁寧……です・ます（それはわたしです　ここにあります）

⑯ 打消推量・打消意志……まい（そんなことはあるまい　けっして言うまい）

〈助詞〉付属語で活用せず，ある語について，その語と他の語との関係を補助したり，意味を添えたりする。

① 格助詞……主として体言に付き，その語と他の語の関係を示す。
　　→が・の・を・に・へ・と・から・より・で・や
② 副助詞……いろいろな語に付いて，意味を添える。
　　→は・も・か・こそ・さえ・でも・しか・まで・ばかり・だけ・など
③ 接続助詞……用言・活用語に付いて，上と下の文節を続ける。
　　→ば・けれども・が・のに・ので・ても・から・たり・ながら
④ 終助詞……文末（もしくは文節の切れ目）に付いて意味を添える。
　　→なあ（感動）・よ（念押し）・な（禁止）・か（疑問）・ね（念押し）

演習問題

1. 次のア～オのうち，下線部の表現が適切でないものはどれか。
   1　彼はいつもまわりに愛嬌をふりまいて，場を和やかにしてくれる。
   2　的を射た説明によって，よく理解することができた。
   3　舌先三寸で人をまるめこむのではなく，誠実に説明する。
   4　この重要な役目は，彼女に白羽の矢が当てられた。
   5　二の舞を演じないように，失敗から学ばなくてはならない。

2. 次の文について，言葉の用法として適切なものはどれか。
   1　矢折れ刀尽きるまで戦う。
   2　ヘルプデスクに電話したが「分かりません」と繰り返すだけで取り付く暇もなかった。
   3　彼の言動は肝に据えかねる。
   4　彼は証拠にもなく何度も賭け事に手を出した。
   5　適切なものはない。

3. 下線部の言葉の用法として適切なものはどれか。
   1　彼はのべつ暇なく働いている。
   2　あの人の言動は常軌を失っている。
   3　彼女は熱に泳がされている。
   4　彼らの主張に対して間髪をいれずに反論した。
   5　彼女の自分勝手な振る舞いに顔をひそめた。

4 次の文で，下線部が適切でないものはどれか。
 1 ぼくの目標は，兄より早く走れるようになる<u>こと</u>です。
 2 先生の<u>おっしゃること</u>をよく聞くのですよ。
 3 昨日は家で本を読んだり，テレビを<u>見て</u>いました。
 4 風にざわめく木々は，まるで私たちにあいさつをして<u>いるようだっ</u>
   <u>た</u>。
 5 先生の業績については，よく<u>存じております</u>。

5 下線部の言葉の用法が適切でないものはどれか。
 1 <u>急いては事を仕損じる</u>ので，マイペースを心がける。
 2 彼女は<u>目端が利く</u>。
 3 <u>世知辛い</u>世の中になったものだ。
 4 安全を<u>念頭に置いて</u>作業を進める。
 5 次の試験に<u>標準を合わせて</u>勉強に取り組む。

○○○解答・解説○○○

1 4
　解説　1の「愛嬌をふりまく」は，おせじなどをいい，明るく振る舞う
こと，2の「的を射る」は的確に要点をとらえること，3の「舌先三寸」は
口先だけの巧みに人をあしらう弁舌のこと，4はたくさんの中から選びだ
されるという意味だが，「白羽の矢が当てられた」ではなく，「白羽の矢
が立った」が正しい。5の「二の舞を演じる」は他人がした失敗を自分も
してしまうという意味である。

2 5
　解説　1「刀折れ矢尽きる」が正しく，「なす術がなくなる」という意
味である。　2　話を進めるきっかけが見つからない。すがることができ
ない，という意味になるのは「取り付く島がない」が正しい。　3　「言動」
という言葉から，「我慢できなくなる」という意味の言葉を使う必要があ
る。「腹に据えかねる」が正しい。　4　「何度も賭け事に手を出した」と
いう部分から「こりずに」という意味の「性懲りもなく」が正しい。

3 4

解説　1「のべつ幕なしに」，2は「常軌を逸している」，3は「熱に浮かされている」，5は「眉をひそめた」が正しい。

4 3

解説　3は前に「読んだり」とあるので，後半も「見たり」にしなければならないが，「見ていました」になっているので表現として適当とはいえない。

5 5

解説　5は，「狙う，見据える」という意味の「照準」を使い，「照準を合わせて」と表記するのが正しい。

非言語分野

演習問題

1 分数 $\dfrac{30}{7}$ を小数で表したとき，小数第100位の数字として正しいものはどれか。

　1　1　　　2　2　　　3　4　　　4　5　　　5　7

2 $x=\sqrt{2}-1$ のとき，$x+\dfrac{1}{x}$ の値として正しいものはどれか。

　1　$2\sqrt{2}$　　2　$2\sqrt{2}-2$　　3　$2\sqrt{2}-1$　　4　$3\sqrt{2}-3$
　5　$3\sqrt{2}-2$

3 360の約数の総和として正しいものはどれか。

　1　1060　　2　1170　　3　1250　　4　1280　　5　1360

4 $\dfrac{x}{2}=\dfrac{y}{3}=\dfrac{z}{5}$ のとき，$\dfrac{x-y+z}{3x+y-z}$ の値として正しいものはどれか。

　1　-2　　2　-1　　3　$\dfrac{1}{2}$　　4　1　　5　$\dfrac{3}{2}$

5 $\dfrac{\sqrt{2}}{\sqrt{2}-1}$ の整数部分を a，小数部分を b とするとき，$a\times b$ の値として正しいものは次のうちどれか。

　1　$\sqrt{2}$　　2　$2\sqrt{2}-2$　　3　$2\sqrt{2}-1$　　4　$3\sqrt{2}-3$
　5　$3\sqrt{2}-2$

6 $x=\sqrt{5}+\sqrt{2}$，$y=\sqrt{5}-\sqrt{2}$ のとき，x^2+xy+y^2 の値として正しいものはどれか。

　1　15　　2　16　　3　17　　4　18　　5　19

7 $\dfrac{\sqrt{2}}{\sqrt{2}-1}$ の整数部分を a, 小数部分を b とするとき, b^2 の値として正しいものはどれか。

  1 $\ 2-\sqrt{2}$ 2 $\ 1+\sqrt{2}$ 3 $\ 2+\sqrt{2}$ 4 $\ 3+\sqrt{2}$

  5 $\ 3-2\sqrt{2}$

8 ある中学校の生徒全員のうち, 男子の7.5%, 女子の6.4%を合わせて37人がバドミントン部員であり, 男子の2.5%, 女子の7.2%を合わせて25人が吹奏楽部員である。この中学校の女子全員の人数は何人か。

  1 246人   2 248人   3 250人   4 252人   5 254人

9 連続した3つの正の偶数がある。その小さい方2数の2乗の和は, 一番大きい数の2乗に等しいという。この3つの数のうち, 最も大きい数として正しいものはどれか。

  1 6   2 8   3 10   4 12   5 14

○○○解答・解説○○○

1 5

解説 実際に30を7で割ってみると,

$\dfrac{30}{7}=4.28571428571\cdots\cdots$ となり, 小数点以下は, 6つの数字 "285714" が繰り返されることがわかる。$100\div6=16$ 余り 4 だから, 小数第100位は, "285714" のうちの4つ目の "7" である。

2 1

解説 $x=\sqrt{2}-1$ を $x+\dfrac{1}{x}$ に代入すると,

$$x+\dfrac{1}{x}=\sqrt{2}-1+\dfrac{1}{\sqrt{2}-1}=\sqrt{2}-1+\dfrac{\sqrt{2}+1}{(\sqrt{2}-1)(\sqrt{2}+1)}$$

$$=\sqrt{2}-1+\dfrac{\sqrt{2}+1}{2-1}$$

$$=\sqrt{2}-1+\sqrt{2}+1=2\sqrt{2}$$

3 2

解説 360を素因数分解すると，$360 = 2^3 \times 3^2 \times 5$ であるから，約数の総和は $(1 + 2 + 2^2 + 2^3)(1 + 3 + 3^2)(1 + 5) = (1 + 2 + 4 + 8)(1 + 3 + 9)(1 + 5) = 15 \times 13 \times 6 = 1170$ である。

4 4

解説 $\dfrac{x}{2} = \dfrac{y}{3} = \dfrac{z}{5} = A$ とおく。

$x = 2A,\ y = 3A,\ z = 5A$ となるから，

$x - y + z = 2A - 3A + 5A = 4A,\ \ 3x + y - z = 6A + 3A - 5A = 4A$

したがって，$\dfrac{x - y + z}{3x + y - z} = \dfrac{4A}{4A} = 1$　である。

5 4

解説 分母を有理化する。

$\dfrac{\sqrt{2}}{\sqrt{2} - 1} = \dfrac{\sqrt{2}(\sqrt{2} + 1)}{(\sqrt{2} - 1)(\sqrt{2} + 1)} = \dfrac{2 + \sqrt{2}}{2 - 1} = 2 + \sqrt{2} = 2 + 1.414\cdots = 3.414\cdots$

であるから，$a = 3$であり，$b = (2 + \sqrt{2}) - 3 = \sqrt{2} - 1$ となる。

したがって，$a \times b = 3(\sqrt{2} - 1) = 3\sqrt{2} - 3$

6 3

解説 $(x + y)^2 = x^2 + 2xy + y^2$ であるから，

$x^2 + xy + y^2 = (x + y)^2 - xy$ と表せる。

ここで，$x + y = (\sqrt{5} + \sqrt{2}) + (\sqrt{5} - \sqrt{2}) = 2\sqrt{5}$，

$xy = (\sqrt{5} + \sqrt{2})(\sqrt{5} - \sqrt{2}) = 5 - 2 = 3$

であるから，求める $(x + y)^2 - xy = (2\sqrt{5})^2 - 3 = 20 - 3 = 17$

7 5

解説 分母を有理化すると，

$\dfrac{\sqrt{2}}{\sqrt{2} - 1} = \dfrac{\sqrt{2}(\sqrt{2} + 1)}{(\sqrt{2} - 1)(\sqrt{2} + 1)} = \dfrac{2 + \sqrt{2}}{2 - 1} = 2 + \sqrt{2}$

$\sqrt{2} = 1.4142\cdots\cdots$であるから，$2 + \sqrt{2} = 2 + 1.4142\cdots\cdots = 3.14142\cdots\cdots$

したがって，$a = 3,\ b = 2 + \sqrt{2} - 3 = \sqrt{2} - 1$といえる。

したがって，$b^2 = (\sqrt{2} - 1)^2 = 2 - 2\sqrt{2} + 1 = 3 - 2\sqrt{2}$である。

8 3

解説 男子全員の人数を x，女子全員の人数を y とする。

$0.075x + 0.064y = 37 \cdots ①$

$0.025x + 0.072y = 25 \cdots ②$

①－②×3 より

$$\begin{cases} 0.075x + 0.064y = 37 \cdots ① \\ 0.075x + 0.216y = 75 \cdots ②' \end{cases}$$

$$-) \overline{ -0.152y = -38}$$

$\therefore \quad 152y = 38000 \quad \therefore \quad y = 250 \quad x = 280$

よって，女子全員の人数は250人。

9 3

解説 3つのうちの一番小さいものを $x(x>0)$ とすると，連続した3つの正の偶数は，x，$x+2$，$x+4$ であるから，与えられた条件より，次の式が成り立つ。$x^2+(x+2)^2=(x+4)^2$ かっこを取って，$x^2+x^2+4x+4=x^2+8x+16$ 整理して，$x^2-4x-12=0$ よって，$(x+2)(x-6)=0$ よって，$x=-2, 6$ $x>0$ だから，$x=6$ である。したがって，3つの偶数は，6, 8, 10である。このうち最も大きいものは，10である。

196　第5章

演習問題

1 家から駅までの道のりは30kmである。この道のりを，初めは時速5km，途中から，時速4kmで歩いたら，所要時間は7時間であった。時速5kmで歩いた道のりとして正しいものはどれか。

  1 8km   2 10km   3 12km   4 14km   5 15km

2 横の長さが縦の長さの2倍である長方形の厚紙がある。この厚紙の四すみから，一辺の長さが4cmの正方形を切り取って，折り曲げ，ふたのない直方体の容器を作る。その容積が64cm³のとき，もとの厚紙の縦の長さとして正しいものはどれか。

  1 $6-2\sqrt{3}$ 2 $6-\sqrt{3}$ 3 $6+\sqrt{3}$ 4 $6+2\sqrt{3}$
  5 $6+3\sqrt{3}$

3 縦50m，横60mの長方形の土地がある。この土地に，図のような直角に交わる同じ幅の通路を作る。通路の面積を土地全体の面積の$\frac{1}{3}$以下にするには，通路の幅を何m以下にすればよいか。

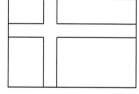

  1 8m   2 8.5m   3 9m   4 10m
  5 10.5m

4 下の図のような，曲線部分が半円で，1周の長さが240mのトラックを作る。中央の長方形ABCDの部分の面積を最大にするには，直線部分ADの長さを何mにすればよいか。次から選べ。

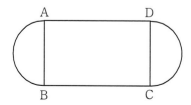

  1 56m   2 58m   3 60m   4 62m   5 64m

5 AとBの2つのタンクがあり，Aには8m³，Bには5m³の水が入っている。Aには毎分1.2m³，Bには毎分0.5m³ずつの割合で同時に水を入れ始めると，Aの水の量がBの水の量の2倍以上になるのは何分後からか。正しいものはどれか。

　　1　8分後　　　2　9分後　　　3　10分後　　　4　11分後　　　5　12分後

○○○解答・解説○○○

1 2

解説　時速5kmで歩いた道のりを$x$kmとすると，時速4kmで歩いた道のりは，$(30-x)$kmであり，時間＝距離÷速さ　であるから，次の式が成り立つ。

$$\frac{x}{5}+\frac{30-x}{4}=7$$

両辺に20をかけて，$4x+5(30-x)=7\times20$

整理して，$4x+150-5x=140$

　よって，$x=10$ である。

2 4

解説　厚紙の縦の長さを$x$cmとすると，横の長さは$2x$cmである。また，このとき，容器の底面は，縦$(x-8)$cm，横$(2x-8)$cmの長方形で，容器の高さは4cmである。

厚紙の縦，横，及び，容器の縦，横の長さは正の数であるから，

　$x>0,\ x-8>0,\ 2x-8>0$

すなわち，$x>8$……①

容器の容積が64cm³であるから，

$4(x-8)(2x-8)=64$となり，

　$(x-8)(2x-8)=16$

これより，$(x-8)(x-4)=8$

$x^2-12x+32=8$となり，$x^2-12x+24=0$

よって，$x=6\pm\sqrt{6^2-24}=6\pm\sqrt{12}=6\pm2\sqrt{3}$

このうち①を満たすものは，$x=6+2\sqrt{3}$

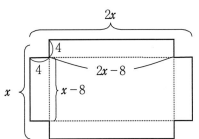

3 4

解説 通路の幅をxmとすると，$0<x<50$……①

また，$50x+60x-x^2\leqq1000$

よって，$(x-10)(x-100)\geqq0$

したがって，$x\leqq10$，$100\leqq x$……②

①②より，$0<x\leqq10$　つまり，10m以下。

4 3

解説 直線部分ADの長さをxmとおくと，$0<2x<240$より，

xのとる値の範囲は，$0<x<120$である。

　半円の半径をrmとおくと，

$2\pi r=240-2x$より，

$r=\dfrac{120}{\pi}-\dfrac{x}{\pi}=\dfrac{1}{\pi}(120-x)$

長方形ABCDの面積をym²とすると，

$y=2r\cdot x=2\cdot\dfrac{1}{\pi}(120-x)x$

　$=-\dfrac{2}{\pi}(x^2-120x)$

　$=-\dfrac{2}{\pi}(x-60)^2+\dfrac{7200}{\pi}$

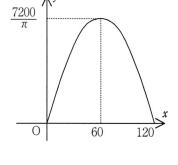

この関数のグラフは，図のようになる。yは$x=60$のとき最大となる。

5 3

解説 x分後から2倍以上になるとすると，題意より次の不等式が成り立つ。

　　$8+1.2x\geqq2(5+0.5x)$

かっこをはずして，$8+1.2x\geqq10+x$

整理して，$0.2x\geqq2$　よって，$x\geqq10$

つまり10分後から2倍以上になる。

演習問題

1 1個のさいころを続けて3回投げるとき，目の和が偶数になるような場合は何通りあるか。正しいものを選べ。

  1　106通り　　2　108通り　　3　110通り　　4　112通り

  5　115通り

2 A，B，C，D，E，Fの6人が2人のグループを3つ作るとき，AとBが同じグループになる確率はどれか。正しいものを選べ。

  1　$\dfrac{1}{6}$　　2　$\dfrac{1}{5}$　　3　$\dfrac{1}{4}$　　4　$\dfrac{1}{3}$　　5　$\dfrac{1}{2}$

○○○解答・解説○○○

1 2

解説　和が偶数になるのは，3回とも偶数の場合と，偶数が1回で，残りの2回が奇数の場合である。さいころの目は，偶数と奇数はそれぞれ3個だから，

  (1)　3回とも偶数：$3 \times 3 \times 3 = 27$〔通り〕

  (2)　偶数が1回で，残りの2回が奇数

    ・偶数/奇数/奇数：$3 \times 3 \times 3 = 27$〔通り〕

    ・奇数/偶数/奇数：$3 \times 3 \times 3 = 27$〔通り〕

    ・奇数/奇数/偶数：$3 \times 3 \times 3 = 27$〔通り〕

したがって，合計すると，$27 + (27 \times 3) = 108$〔通り〕である。

2 2

解説　A，B，C，D，E，Fの6人が2人のグループを3つ作るときの，すべての作り方は$\dfrac{{}_6C_2 \times {}_4C_2}{3!} = 15$通り。このうち，AとBが同じグループになるグループの作り方は$\dfrac{{}_4C_2}{2!} = 3$通り。よって，求める確率は$\dfrac{3}{15} = \dfrac{1}{5}$である。

演習問題

1 次の図で，直方体 ABCD － EFGH の辺 AB，BC の中点をそれぞれ
M，N とする。この直方体を3点 M，F，N を通る平面で切り，頂点 B
を含むほうの立体をとりさる。AD ＝ DC
＝ 8cm，AE ＝ 6cm のとき，△MFN の
面積として正しいものはどれか。

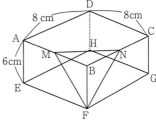

　1　$3\sqrt{22}$〔cm²〕　　2　$4\sqrt{22}$〔cm²〕
　3　$5\sqrt{22}$〔cm²〕　　4　$4\sqrt{26}$〔cm²〕
　5　$4\sqrt{26}$〔cm²〕

2 右の図において，四角形 ABCD は円に内
接しており，弧 BC ＝弧 CD である。AB，AD
の延長と点 C におけるこの円の接線との交点
をそれぞれ P，Q とする。AC ＝ 4cm，CD ＝
2cm，DA ＝ 3cm とするとき，△BPC と△
APQ の面積比として正しいものはどれか。

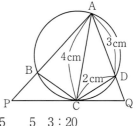

　1　1：5　　2　1：6　　3　1：7　　4　2：15　　5　3：20

3 1辺の長さが15のひし形がある。その対角線の長さの差は6である。
このひし形の面積として正しいものは次のどれか。

　1　208　　2　210　　3　212　　4　214　　5　216

4 右の図において，円 C_1 の
半径は2，円 C_2 の半径は5，2
円の中心間の距離は O_1O_2 ＝ 9
である。2円の共通外接線 l と2
円 C_1，C_2 との接点をそれぞれ A，
B とするとき，線分 AB の長さ
として正しいものは次のどれ
か。

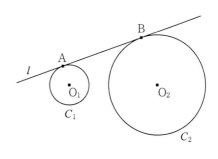

　1　$3\sqrt{7}$　　2　8　　3　$6\sqrt{2}$　　4　$5\sqrt{3}$　　5　$4\sqrt{5}$

5 下の図において，点Eは，平行四辺形ABCDの辺BC上の点で，AB＝AEである。また，点Fは，線分AE上の点で，∠AFD＝90°である。∠ABE＝70°のとき，∠CDFの大きさとして正しいものはどれか。

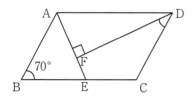

1 48°　　2 49°　　3 50°　　4 51°　　5 52°

6 底面の円の半径が4で，母線の長さが12の直円すいがある。この円すいに内接する球の半径として正しいものは次のどれか。

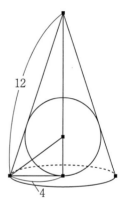

1 $2\sqrt{2}$

2 3

3 $2\sqrt{3}$

4 $\dfrac{8}{3}\sqrt{2}$

5 $\dfrac{8}{3}\sqrt{3}$

○○○解答・解説○○○

1 2

解説　△MFNはMF＝NFの二等辺三角形。MB＝$\dfrac{8}{2}$＝4，BF＝6より，

MF^2＝4^2+6^2＝52

また，MN＝$4\sqrt{2}$

FからMNに垂線FTを引くと，△MFTで三平方の定理より，

FT^2＝MF^2－MT^2＝$52-\left(\dfrac{4\sqrt{2}}{2}\right)^2$＝$52-8$＝44

よって，FT＝$\sqrt{44}$＝$2\sqrt{11}$

したがって，△MFN＝$\dfrac{1}{2}\cdot 4\sqrt{2}\cdot 2\sqrt{11}$＝$4\sqrt{22}$〔cm²〕

2️⃣ 3

解説 ∠PBC = ∠CDA, ∠PCB = ∠BAC = ∠CADから，

△BPC∽△DCA

相似比は2：3，面積比は，4：9

また，△CQD∽△AQCで，相似比は1：2，面積比は1：4

したがって，△DCA：△AQC＝3：4

よって，△BPC：△DCA：△AQC＝4：9：12

さらに，△BPC∽△CPAで，相似比1：2，面積比1：4

よって，△BPC：△APQ＝4：(16＋12)＝4：28＝1：7

3️⃣ 5

解説 対角線のうちの短い方の長さの半分の長さをxとすると，長い方の対角線の長さの半分は，$(x＋3)$と表せるから，三平方の定理より次の式がなりたつ。

$x^2 + (x+3)^2 = 15^2$

整理して，$2x^2 + 6x - 216 = 0$　よって，$x^2 + 3x - 108 = 0$

$(x-9)(x+12) = 0$より，$x = 9, -12$　xは正だから，$x = 9$である。

したがって，求める面積は，$4 \times \dfrac{9 \times (9+3)}{2} = 216$

4️⃣ 5

解説 円の接線と半径より

$O_1A \perp l$，$O_2B \perp l$であるから，

点O_1から線分O_2Bに垂線O_1Hを

下ろすと，四角形AO_1HBは長方

形で，

　HB ＝ O_1A ＝ 2だから，

$O_2H = 3$

△O_1O_2Hで三平方の定理より，

　$O_1H = \sqrt{9^2 - 3^2} = 6\sqrt{2}$

　よって，AB ＝ $O_1H = 6\sqrt{2}$

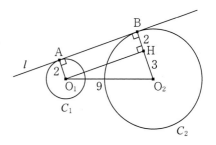

5 3

解説　∠AEB = ∠ABE = 70° より，∠AEC = 180 − 70 = 110°
また，∠ABE + ∠ECD = 180° より，∠ECD = 110°
四角形FECDにおいて，四角形の内角の和は360°だから，
∠CDF = 360° − (90° + 110° + 110°) = 50°

6 1

解説　円すいの頂点をA，球の中心を
O，底面の円の中心をHとする。3点A, O,
Hを含む平面でこの立体を切断すると，
断面は図のような二等辺三角形とその内
接円であり，求めるものは内接円の半径
OHである。

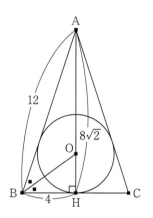

　△ABHで三平方の定理より，
　　AH = $\sqrt{12^2 − 4^2}$ = $8\sqrt{2}$

　　Oは三角形ABCの内心だから，BO
は∠ABHの2等分線である。

　　よって，AO : OH = BA : BH = 3 : 1

　　OH = $\dfrac{1}{4}$ AH = $2\sqrt{2}$

1 　O市，P市，Q市の人口密度（1km²あたりの人口）を下表に示してある，O市とQ市の面積は等しく，Q市の面積はP市の2倍である。

市	人口密度
O	390
P	270
Q	465

このとき，次の推論ア，イの正誤として，正しいものはどれか。
　　ア　P市とQ市を合わせた地域の人口密度は300である
　　イ　P市の人口はQ市の人口より多い
　　　1　アもイも正しい
　　　2　アは正しいが，イは誤り
　　　3　アは誤りだが，イは正しい
　　　4　アもイも誤り
　　　5　アもイもどちらとも決まらない

2 　2から10までの数を1つずつ書いた9枚のカードがある。A，B，Cの3人がこの中から任意の3枚ずつを取ったところ，Aの取ったカードに書かれていた数の合計は15で，その中には，5が入っていた。Bの取ったカードに書かれていた数の合計は16で，その中には，8が入っていた。Cの取ったカードに書かれていた数の中に入っていた数の1つは，次のうちのどれか。
　　1　2　　　2　3　　　3　4　　　4　6　　　5　7

3 　体重の異なる8人が，シーソーを使用して，一番重い人と2番目に重い人を選び出したい。シーソーでの重さ比べを，少なくとも何回行わなければならないか。ただし，シーソーには両側に1人ずつしか乗らないものとする。
　　1　6回　　　2　7回　　　3　8回　　　4　9回　　　5　10回

4 A～Fの6人がゲーム大会をして，優勝者が決定された。このゲーム大会の前に6人は，それぞれ次のように予想を述べていた。予想が当たったのは2人のみで，あとの4人ははずれであった。予想が当たった2人の組み合わせとして正しいものはどれか。

　　A 「優勝者は，私かCのいずれかだろう。」
　　B 「優勝者は，Aだろう。」
　　C 「Eの予想は当たるだろう。」
　　D 「優勝者は，Fだろう。」
　　E 「優勝者は，私かFのいずれかだろう。」
　　F 「Aの予想ははずれるだろう。」

　　　1 A，B　　2 A，C　　3 B，D　　4 C，D　　5 D，E

5 ある会合に参加した人30人について調査したところ，傘を持っている人，かばんを持っている人，筆記用具を持っている人の数はすべて1人以上29人以下であり，次の事実がわかった。

　　i ）傘を持っていない人で，かばんを持っていない人はいない。
　　ii ）筆記用具を持っていない人で，かばんを持っている人はいない。
　　このとき，確実に言えるのは次のどれか。

　　1 かばんを持っていない人で，筆記用具を持っている人はいない。
　　2 傘を持っている人で，かばんを持っている人はいない。
　　3 筆記用具を持っている人で，傘を持っている人はいない。
　　4 傘を持っていない人で，筆記用具を持っていない人はいない。
　　5 かばんを持っている人で，傘を持っている人はいない。

6 次A，B，C，D，Eの5人が，順に赤，緑，白，黒，青の5つのカードを持っている。また赤，緑，白，黒，青の5つのボールがあり，各人がいずれか1つのボールを持っている。各自のカードの色とボールの色は必ずしも一致していない。持っているカードの色とボールの色の組み合わせについてア，イのことがわかっているとき，Aの持っているボールの色は何色か。ただし，以下でXとY2人の色の組み合わせが同じであるとは，「Xのカード，ボールの色が，それぞれYのボール，カードの色と一致」していることを意味する。

　　ア　CとEがカードを交換すると，CとDの色の組み合わせだけが同じになる。
　　イ　BとDがボールを交換すると，BとEの色の組み合わせだけが同じ

になる。

1　青　　2　緑　　3　黒　　4　赤　　5　白

○○○解答・解説○○○

[1] 3

解説　「O市とQ市の面積は等しく，Q市の面積はP市の2倍」ということから，仮にO市とQ市の面積を1km²，P市の面積を2km²と考える。

ア…P市の人口は270×2＝540人，Q市の人口は465×1＝465人で，2つの市を合わせた地域の面積は3km2なので，人口密度は，（540＋465）÷3＝335人になる。

イ…P市の人口は540人，Q市は465人なので，P市の方が多いので正しいといえる。

よって推論アは誤りだが，推論イは正しい。

よって正解は3である。

[2] 3

解説　まず，Bが取った残りの2枚のカードに書かれていた数の合計は，16－8＝8である。したがって2枚のカードはどちらも6以下である。ところが「5」はAが取ったカードにあるから除くと，「2」，「3」，「4」，「6」の4枚となるが，この中で2数の和が8になるのは，「2」と「6」しかない。

次にAが取った残りの2枚のカードに書かれていた数の合計は，15－5＝10である。したがって2枚のカードはどちらも8以下である。この中で，すでにA自身やBが取ったカードを除くと「3」，「4」，「7」の3枚となるが，この中で2数の和が10になるのは，「3」と「7」のみである。

以上のことから，Cの取った3枚のカードは，AとBが取った残りの「4」「9」「10」である。

[3] 4

解説　全員の体重が異なるのだから，1人ずつ比較するしかない。したがって一番重い人を見つけるには，8チームによるトーナメント試合数，すなわち8－1＝7（回）でよい。図

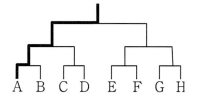

は8人をA〜Hとしてその方法を表したもので，Aが最も重かった場合である。次に2番目に重い人の選び出し方であるが，2番目に重い人の候補になるのは，図でAと比較してAより軽いと判断された3人である。すなわち最初に比較したBと，2回目に比較したC，Dのうちの重い方と，最後にAと比較したE〜Hの中で一番重い人の3人である。そしてこの3人の中で一番重い人を見つける方法は2回でよい。結局，少なくとも7＋2＝9（回）の重さ比べが必要であるといえる。

4 1

解説　下の表は，縦の欄に優勝したと仮定した人。横の欄に各人の予想が当たったか（○）はずれたか（×）を表したものである。

	A	B	C	D	E	F
A	○	○	×	×	×	×
B	×	×	×	×	×	○
C	○	×	×	×	×	×
D	×	×	×	×	×	○
E	×	×	○	×	○	○
F	×	×	○	○	○	○

　「予想が当たったのは，2人のみ」という条件を満たすのは，Aが優勝したと仮定したときのAとBのみである。よって，1が正しい。

5 3

解説　ⅰ）ⅱ）より集合の包含関係は図のようになっている。

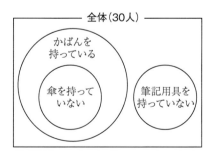

　図より，傘を持っていない人の集合と，筆記用具を持っていない人の集

合の共通部分は空集合であり，選択肢1，2，3，5については必ずしも空集合とは限らない。

したがって，確実に言えるのは「傘を持っていない人で，筆記用具を持っていない人はいない」のみである。

6 5

解説 最初の状態は，

	A	B	C	D	E
カード	赤	緑	白	黒	青

まずアより，EとCがカードを交換した場合，CとDの色の組み合わせだけが同じになることから，ボールの色が次のように決まる。

	A	B	C	D	E
カード	赤	緑	青	黒	白
ボール			黒	青	

つまり，Cのボールが黒，Dのボールが青と決まる。
カード交換前のカードの色で表すと，

	A	B	C	D	E
カード	赤	緑	白	黒	青
ボール			黒	青	

さらにイより，BとDがボールを交換すると，BとEの色の組み合わせだけが同じになることから，Eのボールの色が緑ときまる。つまり，

	A	B	C	D	E
カード	赤	緑	白	黒	青
ボール			黒	青	緑

ここで，Bのボールの色が白だとすると，Dとボールを交換したときに，CとDが黒と白で同じ色の組み合わせになってしまう。したがって，Aのボールの色が白，Bのボールの色が赤といえる。

つまり，次のように決まる。

	A	B	C	D	E
カード	赤	緑	白	黒	青
ボール	白	赤	黒	青	緑

演習問題

1 次の表は消防白書（総務省）より平成26年の出火原因別火災の発生状況とその損害額（千円）をまとめたものである。これについて正しいものはどれか。

出火原因	出火件数	損害額（千円）
放火	4884	3442896
こんろ	3484	3736938
たばこ	4088	4534257
放火の疑い	3154	2428493
たき火	2913	944074
火遊び	978	448466
火入れ	1665	257438
ストーブ	1426	5003139
電灯・電話の配線等	1298	5435929
配線器具	1193	2928339

（総務省消防庁『平成27年版　消防白書』より作成）

1 「火遊び」による損害額は最も低く，1件あたりの損害額も最も低くなっている。
2 「放火」による出火件数は最も多く，1件あたりの損害額は150万円を超える。
3 例年最も多い出火原因として挙げられるのは「放火」によるものである。
4 損害額が最も高い項目は，1件あたりの損害額も最も高くなっている。
5 損害額が3番目に高い項目は，1件あたりの損害額も同順位となっている。

2 次の表は2014年における各国の失業者数・失業率を示したものである。この表から正しくいえるものはどれか。

	失業者数（千人）	失業率（％）
日本	2359	3.6
フランス	3001	10.2
アメリカ	9616	6.2
韓国	937	3.5
ドイツ	2090	5.0
オーストラリア	745	6.1

（ILO "KILM 8th edition" より作成）

1 失業者数が最も多い国は，最も少ない国のおよそ15倍の人数である。
2 失業率が最も高い国は，失業者数も最も多くなっている。
3 日本の失業者数は，韓国の失業者数のおよそ2.5倍である。
4 失業率が最も低い国は，失業者数も最も少なくなっている。
5 ドイツはいずれの項目においても3番目に高い数値となっている。

3 次の表は各国の漁獲量（千t）を表している。この表から正しくいえるものはどれか。

	1960年	1980年	2000年	2014年
中国	2,215	3,147	14,982	17,514
インドネシア	681	1,653	4,159	6,508
アメリカ合衆国	2,715	3,703	4,760	4,984
インド	1,117	2,080	3,726	4,719
ロシア	3,066	9,502	4,027	4,233
ミャンマー	360	577	1,093	4,083

（帝国書院『地理データファイル2017年度版』より作成）

1 いずれの国においても，漁獲量は年々増加しており，2014年が最も大きい値となっている。
2 2014年におけるミャンマーの漁獲量は，1960年の漁獲量の12倍以上である。
3 2000年において漁獲量が最も少ない国は，2014年においても最も少ない漁獲量の数値を示している。
4 1980年における中国の漁獲量は，1960年の漁獲量の2倍以上である。
5 インドネシアにおける漁獲量は，いずれの年においてもアメリカの漁獲量を下回っている。

4 次の図は，わが国の製造業の事業所数，従業者数，出荷額について，平成7年の数値を100として表したものである（以下製造業を略す）。この図からいえることとして正しいものはどれか。

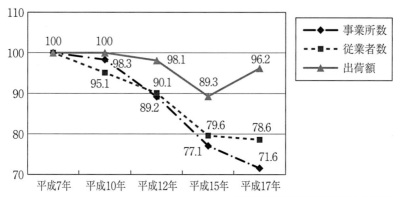

（経済産業省「工業統計調査」より作成）

1 平成15年の従業者数は平成12年の0.9倍以上である。
2 平成15年の1事業所当たりの出荷額は平成10年と比較して減少している。
3 平成10年の事業所数は平成15年の事業所数の1.2倍未満である。
4 平成12年の1事業所当たりの従業者数は平成10年と比較して増加している。
5 平成17年の1事業所当たりの出荷額は平成7年の1.4倍以上である。

5 次の表は，日本におけるサービス業，卸売・小売業，製造業の就業者数の推移を示したものである。この表から読み取れる内容についての記述として，妥当なものはどれか。

	就業者数（万人）			
	総数	サービス業	卸売・小売業	製造業
1970年	5,443	906	873	1,453
1980年	5,866	1,279	1,040	1,356
1990年	6,427	1,716	1,104	1,488
2000年	6,526	2,154	1,141	1,249
2010年	6,448	2,283	1,172	1,018

（「国民所得計算」「日本の100年」より作成）

1 1970年から1990年にかけてのデータを比較すると，各業種ともに新しいデータほど就業者の人数が多くなっている。
2 業種ごとに就業者の増減を比較すると，時期が下るほど就業者が増加し続けている業種はない。
3 最も変動が激しい業種について，最少と最多の時期を比較すると，2.5倍を超える開きがある。
4 就業者の数について，最少と最多の時期の開きが最も小さい業種は，製造業である。
5 就業者の総数は，実質国内総生産の推移によって変動している。

6 次の表は，わが国の自然公園の地域別面積を示したものである。自然公園は国立公園，国定公園及び都道府県立自然公園の3種類がある。またそれぞれ特別地域が定められている。この表からいえることとして正しいものはどれか。

わが国の自然公園の地域別面積

| 種別 | 公園数 | 公園面積 (ha) | 国土面積に対する比率 (%) | 内訳 | | | |
| | | | | 特別地域 | | 普通地域 | |
				面積(ha)	比率(%)	面積(ha)	比率(%)
国立公園	29	2,087,504	5.523	1,504,690	72.1	582,814	27.9
国定公園	56	1,362,065	3.604	1,267,743	93.1	94,322	6.9
都道府県立自然公園	313	1,970,780	5.214	716,531	36.4	1,254,248	63.6
自然公園合計	398	5,420,349	14.341	3,488,964	64.4	1,931,384	35.6

（環境省「自然公園面積総括表」より作成）

1 国立公園の普通地域の面積の，自然公園合計の普通地域の面積に対する割合は28％未満である。
2 国立公園の1公園当たりの面積は，国定公園の1公園当たりの面積の4倍以上である。
3 都道府県立自然公園の特別地域の面積の，国土面積に対する割合は2.6％未満である。
4 国定公園の面積は，都道府県立自然公園の面積の0.6倍未満である。
5 国立公園の1公園当たりの面積は，69,000ha未満である。

7 次の表は，日本における織物の生産の推移を示している。この表から読み取れる内容として妥当なものはどれか。

(単位 百万m²)

	1980年	1990年	2000年	2010年
天然繊維織物・・・・・・・・・	2675	2199	799	161
綿織物・・・・・・・・・・・	2202	1765	664	124
毛織物・・・・・・・・・・・	294	335	98	32
絹・絹紡織物・・・・・・・・	152	84	33	4
化学繊維織物・・・・・・・・	4040	3376	1846	822
再生・半合成繊維織物	882	708	273	92
合成繊維織物・・・・・・・	3159	2668	1573	730
計×・・・・・・・・・・・・・・	6737	5587	2645	983

×その他とも。

（経済産業省「生産動態統計」『日本国勢図会2018/19』より作成）

1 化学繊維織物の生産が最も減少している時期は，オイルショックの時期と重なっている。

2 天然繊維織物について，最も古いデータと最も新しいのデータを比較すると，約30分の1に減少している。

3 日本における織物の生産は，全体として減少傾向にあるものの，品目によっては一時的に増加している。

4 織物の生産の合計の推移をみると，2000年から2010年にかけての減少幅が最も大きい。

5 天然繊維織物の減少の要因としては，化学繊維織物の品質の向上によるものが大きい。

8 次の図は，日本の2016年における従業者4人以上の従業者数別事業所数の割合と，それぞれの事業所が占める製造品出荷額等の割合を示したグラフである。ここから読み取れる内容として，最も妥当なものはどれか。

日本の従業者数別事業所数と製造品出荷額等

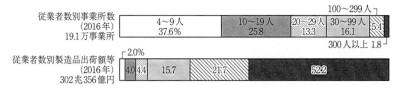

（二宮書店『2020データブック・オブ・ワールド』より作成）

1　300人以上の事業所による製造品出荷額等の金額は，全体の半分に満たない。

2　従業者4〜9人の事業所による製造品出荷額等の金額は，6兆円に満たない。

3　事業所数について比較すると，その割合が最も多いのは事業者数が4〜9人の事業所であり，その数は，7万を超えている。

4　事業所数について，20人以上の事業所は，全体の3分の1に満たない。

5　事業所数について，その増加率を比較すると，300人以上の事業所の増加率が最も高く，10％を超えている。

9　次の図は，縦軸が第3次産業人口率，横軸が1人当たり国民総所得（GNI）を表し，各国のそれぞれの値をもとにグラフ上に点で示したものである。この図から読み取れる内容として，最も妥当なものはどれか。

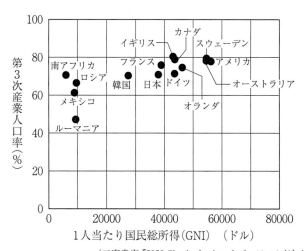

（二宮書店『2020データブック・オブ・ワールド』より作成）

1　第3次産業人口率の差は，イギリス，スウェーデンの間で最大となっている。

2　第3次産業人口率が60％以上，1人当たり国民総所得が20000ドル以下という条件を両方満たすのは，4カ国である。

3　1人当たり国民総所得について比較すると，日本の順位は，フランスに次ぐ7位である。

4　第2次産業人口率が高いほど，第3次産業人口率が高く，1人当たり

国民総所得が低い。
5　1人当たり国民総所得の差は，アメリカと南アフリカの間で最大となっている。

○○○解答・解説○○○

1　4

解説　1　損害額が最も低く，1件あたりの損害額も最も低いのは「火入れ」である。　2　「放火」による出火件数は最も多いが，1件あたりの損害額はおよそ100万円である。　3　平成26年における出火原因として最も多いのは「放火」であるものの，その他の年については表からは読み取れない。　4　正しい。損害額が最も高く，1件あたりの損害額も最も高い項目はいずれも「電灯・電話の配線等」である。　5　損害額が3番目に高い項目は「たばこ」であるが，1件あたりの損害額が3番目に高い項目は「配線器具」である。

2　3

解説　1　失業者数が最も多い国はアメリカ（9616人）であり，最も少ない国であるオーストラリアのおよそ13倍である。　2　失業率が最も高い国はフランスであり，失業者数が最も多い国はアメリカである。3　正しい。日本の失業者数は2359人であり，韓国の失業者数である937人のおよそ2.5倍である。　4　表から読み取れるように，失業率が最も低い国は韓国の3.5％であり，失業者数が最も少ない国はオーストラリアでその人数は745人である。　5　ドイツはいずれの項目においても4番目に高い数値となっている。

3　3

解説　1．誤り。ロシアに関しては，1980年から2000年にかけて漁獲量が減少していることが表から読み取れる。　2．誤り。2014年におけるミャンマーの漁獲量は，1960年の漁獲量の11倍程度である。　3．正しい。いずれの年においてもミャンマーが最も少ない値を示している。　4．誤り。1980年における中国の漁獲量は，1960年の漁獲量の1.4倍程度である。　5．誤り。2014年においてはインドネシアの漁獲量がアメリカ合衆国の漁獲量を上回っている。

4 **4**

解説 1．平成15年の0.9倍であれば数値が81以上になるはずであるが，実際には79.6だから0.9倍未満である。　2．1事業所当たりの出荷額は〔出荷額〕÷〔事業所数〕で求められる。平成15年において出荷額の数値（89.3）を事業所数の数値（77.1）で割ると1.1を超えるが，平成10年は1.1未満。つまり平成15年の1事業所当たりの出荷額は平成10年と比較して増加している。　3．平成15年の事業所数の数値を80としても，80×1.2＜98.3（平成10年の数値）。よって，1.2倍以上である。　4．1事業所当たりの従業者数は〔従業者数〕÷〔事業所数〕で求められる。平成10年と平成12年では事業所数のグラフと従業者数のグラフの上下が逆になっており，平成12年において，事業所数のグラフは従業者数のグラフより下にある。したがって，平成12年の1事業所当たりの従業者数が平成10年と比較して増加しているのは明らか。　5．平成7年において出荷額の数値（100）を事業所数の数値（100）で割ると1。一方，平成17年では1.4未満である。つまり，平成17年の1事業所当たりの出荷額は平成7年の1.4倍未満である。

5 **3**

解説 1．誤り。1970年と1980年を比較すると，製造業の就業者が減少している。　2．誤り。サービス業と卸売・小売業については，時期が下るほど就業者が増加している。　3．正しい。最も変動が激しいサービス業について，最少の1970年と最多の2010年を比較すると，2283/906≒2.52倍の開きがある。　4．誤り。最少と最多の時期の開きは，サービス業が2283－906＝1377〔万人〕，卸売・小売業が1172－873＝299〔万人〕，製造業が1488－1018＝470〔万人〕である。　5．誤り。実質国内総生産が示されていないので，判断できない。

6 **3**

解説 1．自然公園合計の普通地域の面積を2,000,000haとしても29％以上である。　2．国立公園の公園数は国定公園の $\frac{1}{2}$ 倍より多く，国立公園の面積は国定公園の面積の2倍未満だから，国立公園の1公園当たりの面積は，国定公園の1公園当たりの面積の4倍未満である。　3．都道府県立自然公園の面積の，国土面積に対する割合は5.214％だから，都道

府県立自然公園の特別地域の面積の，都道府県立自然公園全体の面積に対する割合（36.4％）を40％としても5.214×0.4＜2.6。つまり，都道府県立自然公園の特別地域の面積の，国土面積に対する割合は2.6％未満である。　4．都道府県立自然公園の面積を2,000,000haとしても国定公園の面積は都道府県立自然公園の面積の0.6倍以上であり，実際の都道府県立自然公園の面積は2,000,000ha未満である。よって，国定公園の面積は，都道府県立自然公園の面積の0.6倍以上である。　5．国立公園の公園数を30としても国立公園の1公園当たりの面積は，69,000ha以上であり，実際の国立公園の公園数は30未満である。よって，国立公園の1公園当たりの面積は，69,000ha以上である。

7 3

解説　1．誤り。オイルショックとの関連は，表中から読み取れない。なお，第1次オイルショックは1973年，第2次オイルショックは1979年のことである。　2．誤り。天然繊維織物について1980年と2010年のデータを比較すると，約16分の1に減少している。　3．正しい。毛織物について1980年と1990年を比較すると，一時的に増加していることがわかる。4．誤り。減少幅についてみると，2000年から2010年が1662百万m^2であるのに対して，1990年から2000年は2942百万m^2である。　5．誤り。化学繊維の品質については，表中から読み取れない。

8 3

解説　1．誤り。300人以上の事業所による製造品出荷額等の金額は，全体の52.2％であるから，半分を超えている。　2．誤り。出荷額は，全体の出荷額に割合をかけることによって求められるので，302.0356〔兆円〕×0.02≒6.041〔兆円〕である。　3．正しい。まず，グラフより，従業者数別事業所数について最も多いのは4～9人の事業所であり，その割合は37.6％である。また，その数は，全体の事業所数に割合をかけることによって求められるので，191,000×0.376＝71,816である。　4．誤り。事業所数について，20人以上の事業所は，20～29人が13.3％，30～99人が16.1％，100～299人が5.4％，300人以上が1.8％であるから，合計すると，13.3＋16.1＋5.4＋1.8＝36.6〔％〕となり，全体の3分の1を超えている。5．誤り。増加率を求めるためには時系列のデータが必要であるが，ここでは1年分のデータが与えられているだけなので，判断できない。

解説 1. 誤り。第3次産業人口率の差については, 各国の縦軸の値の差を読み取ることによって求められ, イギリス, スウェーデンの差はわずかである。 2. 誤り。第3次産業人口率が60％以上, 1人当たり国民総所得が20000ドル以下という条件を両方満たすのは, 南アフリカ, ロシア, メキシコの3カ国である。 3. 誤り。1人当たり国民総所得の順位は9位である。日本より1人当たり国民総所得が大きい国として, アメリカ, スウェーデン, オーストラリア, オランダ, カナダ, ドイツ, イギリス, フランスが挙げられる。 4. 誤り。第2次産業人口率についてのデータは示されておらず, 判断できない。 5. 正しい。1人当たり国民総所得の差については, 各国の横軸の値の差を読み取ることによって求められ, 最大がアメリカ, 最少が南アフリカである。

●情報提供のお願い●

　就職活動研究会では，就職活動に関する情報を募集しています。

　エントリーシートやグループディスカッション，面接，筆記試験の内容等について情報をお寄せください。ご応募はメールアドレス（edit@kyodo-s.jp）へお願いいたします。お送りくださいました方々には薄謝をさしあげます。

　ご協力よろしくお願いいたします。

会社別就活ハンドブックシリーズ

島津製作所の
就活ハンドブック

編　者　就職活動研究会

発　行　令和 6 年 2 月 25 日

発行者　小貫輝雄

発行所　協同出版株式会社

　　〒 101 − 0054
　　東京都千代田区神田錦町 2 − 5
　　　電話　03 − 3295 − 1341
　　　振替　東京00190 − 4 − 94061

印刷所　協同出版・POD 工場

落丁・乱丁はお取り替えいたします

●2025年度版●
会社別就活ハンドブックシリーズ
【全111点】

運　輸

東日本旅客鉄道の就活ハンドブック

東海旅客鉄道の就活ハンドブック

西日本旅客鉄道の就活ハンドブック

東京地下鉄の就活ハンドブック

小田急電鉄の就活ハンドブック

阪急阪神 HD の就活ハンドブック

商船三井の就活ハンドブック

日本郵船の就活ハンドブック

機　械

三菱重工業の就活ハンドブック

川崎重工業の就活ハンドブック

IHI の就活ハンドブック

島津製作所の就活ハンドブック

浜松ホトニクスの就活ハンドブック

村田製作所の就活ハンドブック

クボタの就活ハンドブック

金　融

三菱 UFJ 銀行の就活ハンドブック

三菱 UFJ 信託銀行の就活ハンドブック

みずほ FG の就活ハンドブック

三井住友銀行の就活ハンドブック

三井住友信託銀行の就活ハンドブック

野村證券の就活ハンドブック

りそなグループの就活ハンドブック

ふくおか FG の就活ハンドブック

日本政策投資銀行の就活ハンドブック

建設・不動産

三菱地所の就活ハンドブック

三井不動産の就活ハンドブック

積水ハウスの就活ハンドブック

大和ハウス工業の就活ハンドブック

鹿島建設の就活ハンドブック

大成建設の就活ハンドブック

清水建設の就活ハンドブック

資源・素材

旭旭化成グループの就活ハンドブック

東レの就活ハンドブック

ワコールの就活ハンドブック

関西電力の就活ハンドブック

日本製鉄の就活ハンドブック

中部電力の就活ハンドブック

九州電力の就活ハンドブック

自動車

トヨタ自動車の就活ハンドブック

デンソーの就活ハンドブック

本田技研工業の就活ハンドブック

日産自動車の就活ハンドブック

商　社

三菱商事の就活ハンドブック

伊藤忠商事の就活ハンドブック

住友商事の就活ハンドブック

双日の就活ハンドブック

丸紅の就活ハンドブック

豊田通商の就活ハンドブック

三井物産の就活ハンドブック

情報通信・IT

NTT データの就活ハンドブック

サイバーエージェントの就活ハンドブック

NTT ドコモの就活ハンドブック

LINE ヤフーの就活ハンドブック

野村総合研究所の就活ハンドブック

SCSK の就活ハンドブック

日本電信電話の就活ハンドブック

富士ソフトの就活ハンドブック

KDDI の就活ハンドブック

日本オラクルの就活ハンドブック

ソフトバンクの就活ハンドブック

GMO インターネットグループ

楽天の就活ハンドブック

オービックの就活ハンドブック

mixi の就活ハンドブック

DTS の就活ハンドブック

グリーの就活ハンドブック

TIS の就活ハンドブック

食品・飲料

サントリー HD の就活ハンドブック

日本たばこ産業 の就活ハンドブック

味の素の就活ハンドブック

日清食品グループの就活ハンドブック

キリン HD の就活ハンドブック

山崎製パンの就活ハンドブック

アサヒグループ HD の就活ハンドブック

キユーピーの就活ハンドブック

生活用品

資生堂の就活ハンドブック

武田薬品工業の就活ハンドブック

花王の就活ハンドブック

電気機器

三菱電機の就活ハンドブック	パナソニックの就活ハンドブック
ダイキン工業の就活ハンドブック	富士通の就活ハンドブック
ソニーの就活ハンドブック	キヤノンの就活ハンドブック
日立製作所の就活ハンドブック	京セラの就活ハンドブック
ＮＥＣの就活ハンドブック	オムロンの就活ハンドブック
富士フイルム HD の就活ハンドブック	キーエンスの就活ハンドブック

保　険

東京海上日動火災保険の就活ハンドブック	三井住友海上火災保険の就活ハンドブック
第一生命ホールディングスの就活ハンドブック	損保ジャパンの就活ハンドブック

メディア

日本印刷の就活ハンドブック	エイベックスの就活ハンドブック
博報堂 DY の就活ハンドブック	東宝の就活ハンドブック
TOPPAN ホールディングスの就活ハンドブック	

流通・小売

ニトリ HD の就活ハンドブック	ZOZO の就活ハンドブック
イオンの就活ハンドブック	

エンタメ・レジャー

オリエンタルランドの就活ハンドブック	任天堂の就活ハンドブック
アシックスの就活ハンドブック	カプコンの就活ハンドブック
バンダイナムコ HD の就活ハンドブック	セガサミー HD の就活ハンドブック
コナミグループの就活ハンドブック	タカラトミーの就活ハンドブック
スクウェア・エニックス HD の就活ハンドブック	

▼会社別就活ハンドブックシリーズにつきましては，協同出版
のホームページからもご注文ができます。詳細は下記のサイ
トでご確認下さい。

https://kyodo-s.jp/examination_company